定投

工薪阶层 投资法宝

黎政/著

化学工业出版社
· 北京 ·

图书在版编目（CIP）数据

定投／黎政著 . —北京：化学工业出版社，
2024.6
ISBN 978-7-122-45524-6

Ⅰ.①定… Ⅱ.①黎… Ⅲ.①基金－投资
Ⅳ.① F830.59

中国国家版本馆 CIP 数据核字（2024）第 084766 号

责任编辑：罗　琨　　　　　　　装帧设计：韩　飞
责任校对：宋　玮

出版发行：化学工业出版社
　　　　　（北京市东城区青年湖南街13号　邮政编码100011）
印　　装：三河市双峰印刷装订有限公司
880mm×1230mm　1/32　印张 7　字数 113 千字
2025 年 1 月北京第 1 版 第 1 次印刷

购书咨询：010-64518888　　售后服务：010-64518899
网　　址：http://www.cip.com.cn
凡购买本书，如有缺损质量问题，本社销售中心负责调换。

定　价：48.00 元

月入多少应该开始学习理财？

理财的最佳学习阶段是初入社会前，其次是现在。

字典里把一个人对财富的管理能力统称为财商，里面包括了观念、知识和行为。每个人都具备财商，只不过财商的高低不一样。事实上，在我们的日常生活中，不管关注或不关注，我们都需要具备理财的相关知识，都需要拥有财商。小到如何打理一分钱，大到如何做一笔投资，都属于财商的范畴。所以学习投资理财，树立正确的财商观念非常重要。

不同于智商和情商，每个人的财商都是从零开始，都是可以通过训练来提升的。本书旨在提高读者的财商，将从最基础的投资品种到指数基金一一阐述。看过本书的读者不一定会因为读过本书而发大财，但通过阅读本书，我相信读者一定能降低在投资理财领域犯错的频率，从而在投资市场中少亏钱。投资就是这样，前期先少亏钱，慢慢建立信心，后面剩下的时间才是赚钱的。对于有一定投资经验的读者来说，可以阅读书中介绍热门行业商业模式的相关章节，里面介绍了不同行业需要关注的不同指标，对于想要进行更高阶投资的读者会有一些帮助。

一个什么都不懂的工薪阶层应该从哪个投资品开始学习理财？

指数基金。

对于没有任何投资经验的"小白"来说，学习指数基金是入门投资理财的最好方式。因为学习其他投资品所要投入的时间和精力非常大，成功率可能还不高。

唯有指数基金是最值得工薪阶层学习的，原因有三。

一是指数基金跟原油、黄金这类投资不一样，不需要频繁盯盘，只要制订计划，配合指数的估值就能自行做出投资决策。

二是投资指数基金需要判断估值，这和定期定存的理财相比，需要具备一定的估值判断能力，需要通过学习才能入门。

三是指数基金有多种投资方式，可以像股票一样一次性买入，也可以像定期一样每次买一点，投资者不会因为资金量而被阻挡在门外。

目录

第一章

基金还是名牌包

"人与人之间的很多区别在于思维方式，有的人省吃俭用花三万元买名牌包，有的人把自己存的三万元投资了基金，前者的包今年涨到了六万元，后者的钱不知不觉还剩一万五千元。"这是最近网上的一个段子，让人意难平的是事实有时也确实如此。如果不懂指数基金就乱买一通，还真不如买一个名牌包保值。既然你已经翻开了本书的第一页，那就静下心来，继续阅读下去吧，至少有希望把你投资基金之后亏掉的那一万五千元赚回来。

说起理财，大部分人的第一印象可能是在银行门口大橱窗里看到的理财产品，譬如 30 天保本利息 2.8%，60 天无风险理财利息 3.2%。有些人看到这些利率会不屑：买啥不好要买银行理财，这点收益还不如投余额宝呢。

不知道大家记不记得那句老话：你不理财，财不理你。这句话，话糙理不糙。这几年随着金融知识（包括基金知识）在社会上的不断普及，越来越多的人都已熟知，通过简单操作基金软件就能买入、卖出基金类的产品，非常方便。但是，这个人群里的一些人对基金的运作模式并不十分了解，听到别人说这个基金赚钱就买入，听到新闻说市场恐慌就马上卖出，到头来亏了钱不说，还被家人贴上一个"不懂理财"的标签。

在本章，作者会通过自己的亲身经历，和读者聊聊在日常生活中，为什么需要理财以及怎样开始理财才是较为稳妥的方式。

一、什么人需要理财

随着社会的不断进步和互联网的飞速发展，越来越多的人已经开始主动学习如何投资、如何理财。一开始，可能投入的钱不多、接触的时间也不长，但在各种与理财有关资讯平台的疯狂影响下，很多人觉得不做一点投资就跟不上时代潮流了，或者说不做一点投资就少了很多人际交往中的谈资。因此，在学习理财之前，读者们要先搞清楚：谁更需要理财？谁更适合理财？理财不是盲目的。

有钱的定义是什么？

先问大家一个问题：你认为现在的自己有钱吗？有钱在你心中的定义是什么？比如，能买最新款手机？能买奢侈品、名牌包？

在这里我先讲讲我自己从小学到大学对金钱观念的转变。上小学的时候，我觉得要是每天能把早餐吃好，同时有一包香菇肥牛或者咪咪（注：二者均为小零食名称）作为我的零食，我就很有钱了。到了中学，我觉得只要有两双运动鞋每天换着穿，我就很有钱了（那时候的我只有一双鞋子，并且只能在一双鞋子穿烂之后才能买新的）。到了大学，我认为若自己能拥有一辆二手小汽车，并且能支付汽油费和过路费，我就很有钱了。慢慢地我发现，无论何时何地，欲望的实际价值都会比自己可支配的金钱价值高，如小学时的零食、中学时的运动鞋、大学时的小汽车。而且随着年龄和能力的增长，之前的欲望哪怕在后来得到满足，也会觉得和当初感觉不一样了，甚至不再当一回事儿了。所以，如果以"能够满足的欲望越多"作为越有钱的标准的话，这个世界上没有有钱人，因为即使是位列福布斯富人榜上的亿万富翁，也总有自己无法得到满足的欲望，有无法用钱满足的欲望。

所以，如果以具体金额来判断一个人有没有钱，这也不现实。每个人每天的收入和支出都不一样，每个人对于欲望的要求也不一样，有些人每天能吃饱就非常满足，而有些人每顿饭则需要山珍海味。在这两类人的欲望都能得到满足的情况下，实际的花费却不一样，但他们都是富足的，没有高低贵贱之分。

因此，为了让读者在阅读的过程中不至于产生偏差，此处先声明作者的观点。我个人对于有钱人的定义是：在不需要工作的情况下，依靠被动收入就能正常生活的人，都算有钱人。这类有钱人不是想干啥就干啥，而是不想干啥就不干啥。"所谓的自由，是建立在自律的基础上的。"为了方便大家理解，我举两个简单的例子：一个开保时捷上下班的 30 岁男青年，月入 10 万（元），存款为零的同时身上还有 50 万（元）的负债。他是有钱人吗？我认为不是。因为他为了维持体面的生活不得不每天去上班，一旦在工作上犯错被辞退，那他的生活品质会直接跌入谷底。另外一个每天上下班乘坐公交、地铁的 30 岁男青年，月收入 1 万（元），存款有 200 万（元）。我认为他是有钱人，因为若他也遭遇前一男青年的假设，工资的多寡对他来说影响不大。

所以，一个人有没有钱不能跟别人比，只能跟自己比，也只能由自己做出评价。当然，只有掌握了理财、投资知识及技能的人，才能把赚到的钱留住并继续投资，从而产生源源不断的现金流。

月光族需要理财吗？

学校教授我们知识，帮助我们锻炼人际交往的能力，但对财商方面的学习涉及不多，这时候家长应该尽可能地帮助自己的孩子提升财商。

在我上小学时，我妈每天都会给我两元钱的早餐费。刚开始我控制不好花销，有了一元钱的负债。后来在五六年级的时候，我学会了用简单的"资本运作"来解决这一元钱的负债：每天两元钱的早餐费，早上先花一元钱吃一个牛腩汁面，到学校之后把剩下的一元钱还给前一天借给我钱的同学。当我想下午放学吃零食的时候，就会再找别人借一元钱，然后第二天早上再把这一元钱还上，等下午放学时再借来。当时的我完全没有理财的知识和想法，总觉得今天借、明天还，这样挺好，反正第二天我妈还是会给我早餐钱。

说实话，这种借钱来花的消费观念对我日后的消费习惯影响非常大，在很长的一段时间里，我都很喜欢向别人借钱，虽然每次我都能还上，但这种消费习惯让我在之后的很多年对透支式的超前消费乐此不疲，导致我的财商很差。

在我那时候的观念里，谈钱是一件很俗的事情，"谈钱伤感情"的刻板印象让我不能大方地告诉大家"钱对我来说很重要"。也正因为这样，我一直认为钱可有可无，直到我的现金流中断。当时我在上大学，由于没有一个良好的消费习惯，每个月家里给我的生活费经常无法支撑到月底，每次都要找同学借。没错，我走回了小学时候"资本运作"的老路。我意识到这可能是我自己没有收入的原因，于是从大二开始我就去做各种各样的兼职，当时的我是班里兼职收入最高的学生。收入是增多了，但我还是欠别人钱，而且欠得更多了，这时我开始意识到其实不是我的收入不够多，而是消费太无节制了，我开始看各种各样的理财书籍，比如《穷爸爸富爸爸》和《小狗钱钱》。这两本书是我学习理财知识的启蒙书籍，也是因为这两本书，让我的财商有了质的飞跃。如果你刚开始学习理财，我非常推荐这两本书，书里的内容通俗易懂，同时又能学到一些知识，明白一些道理。

回到这个小节的标题，月光族需要理财吗？我的回答是，需要，而且十分必要。理财不仅仅是把金钱投入到各种渠道，对于一个理财"小白"来说，更重要的是，理财可以把赚到的钱存下来。如果你能做到每个月的消费量入为出，那就意味着你已经走上了理财之路。朋友们：如果你们的父母小时候就告诉你们，零花钱要省着花，你们不仅听进去了，还一直坚持这样做了，那么你们的财商已经比周围 80% 的人要高了。

通货膨胀如何消耗掉你的本金？

相信大家对通货膨胀这个词不陌生，但对这个词的理解可能仅仅停留在了抽象的层面。通货膨胀（以下简称

"通胀")是指物价发生上涨的现象，这种现象不会体现在你的财富数值上，但是会最直观地表现在钱没那么值钱上，同样的钱买到的东西比以往更少。在经济运转正常的经济体中，温和的通货膨胀对经济有促进作用，这会让大家更乐于把手上的钱用于消费、投资等。但是，一旦发生恶性通货膨胀，就会造成货币大量贬值，物价却一直在上涨，更有甚者会引发社会动荡。当货币不值钱的时候，就只能用硬通货进行交易，也就是黄金，这也是一旦发生战争或者社会动乱，金价会上涨的原因，"盛世买古董，乱世藏黄金"就是这个道理。

具体案例可以参考发生在委内瑞拉国内的通货膨胀。2019 年，委内瑞拉的中央银行高调公布，委内瑞拉的通货膨胀率大幅下降，降低至 9585.5%。9585.5% 的通胀率是什么概念？简单理解就是以前买一碗云吞面要 10 元，现在要 960 元。96 倍的通胀，这是一个经济运行极其不正常的经济体才会有的现象。

与通货膨胀相反的是通货紧缩。一旦发生通货紧缩，就说明相同的钱可以买更多的商品，大家会发现手里的钞票更值钱了，因此不会把钱拿去投资或者消费。严重的通货紧缩会导致经济衰退，失业率升高。

二、了解不同类型的投资品种

市面上的投资品种繁多，有些是优质的投资品种，有些则是应敬而远之的高风险低收益品种。接下来我将向大家介绍市场上不同类型的投资品种，并详细阐述其收益率和风险。

低风险低收益类投资产品——银行储蓄

低风险意味着低收益。银行储蓄是人们最为熟悉的低风险低收益类投资产品。而银行储蓄又分为活期储蓄和定期储蓄，接下来我们一起来看看活期储蓄和定期储蓄的区别以及使用场景。

第一个要谈到的就是活期储蓄。2024 年 1 月银行活期储蓄的利率是 0.2%（国有六大银行），这意味着存 10000元到银行，一年能收到 20 元的利息。这个利息可以低到忽略不计，甚至连通胀都跑不赢。可能你会问，为什么活期储蓄的利率这么低，还有人把钱存到银行呢？这是因为银行活期储蓄能提供非常大的资金流动性，在遇到急需用钱的时候可以直接转账或者提取，而且存到银行后，资金也要比放在家里安全得多。

第二个要谈到的就是定期储蓄。银行与存款人双方事先约定好存款的金额、期限以及利息，到期后本金和利息一起取出，这个过程就是定期储蓄。期限一般从 3 个月到 10 年不等，期限越长，利率越高。2024 年 1 月，国有六大银行的定期储蓄的基准利率分别为：三个月 1.15%、半年 1.35%、一年 1.45%、两年 1.65%、三年 1.95%……相较于活期储蓄来说，定期储蓄的利率较高，但因为储蓄时长的约束，资金的流动性相对较弱。

注意，以上提到的利率都是单利，这意味着不会利滚利。更多单利和复利的区别我会在后面的章节中展开讲解。

债券

刚开始学习投资的朋友看到债券会不知其为何物。其实，债券的概念非常简单，说白了就是借款单，并且是只有政府、工商企业或者金融机构才能开具的借款单。在专业术语里，债券指的是债务人为筹集资金，按照法定程序发行的债权债务凭证，并向债权人承诺在指定日期归还本金和利息。债权人可以是政府、工商企业或者金融机构，发行债券必须要按照法定的程序。

以下这两种情况就不能称之为债券：你今天借了 100 元给张三，张三写下了字条并承诺一年后还你 103 元，这只能称为欠条，因为你和张三都是个人，而非工商企业或者金融机构；如果张三在网上向网友承诺，借 100 元，一年后还 103 元，那更不能被称为债券，金额过大的话还有可能被判定为非法集资。

债券的另一个特点是：可以交易。举个简单的例子：张三在资本市场上花 100 元认购了一张由某企业发行的债券，发债企业承诺 1 年后会给张三 100 元的本金和 5 元的利息，张三觉得自己发财了。但还没过 1 个月，张三就跑去找企业说自己眼下非常缺钱，想着能不能找企业提前拿回 100 元的本金，并放弃企业承诺的利息。企业说不行，因为说好 1 年就是 1 年。这时候李四跑过来跟张三说："好兄弟，你的债券没人要得了，现在又不能直接兑现，以后企业破产了，你一毛钱都拿不回来。看在你那么急着用钱，刚好我这里有 90 元，我就花 90 元勉为其难收了你的债券吧，以后记得请我吃饭。"张三感觉有点奇怪，但哪里奇怪又说不上来，在缺钱的情况下也管不了那么多了，于是就把价值 105 元的债券作价 90 元卖给了李四。于是，李四只要稳稳当当地将债券持有至到期，就能收获 105 元，年化收益率高达 16.67%[年化收益率 =（投资内收益 / 本金）×100%]。因为李四知道该企业不仅不会破产，而且经营还会越来越好，所以才会从张三手中购买债券，这就是债券的可交易性。

如果大家觉得现实生活中不会出现这样的案例，那就错了。市场上什么极端的情况都会出现。比如，发行价为100元的债券，熊市的时候别说90元的价格，哪怕已经跌到80元，一样很多人不敢买，因为害怕价格一直下跌；相反，一旦市场火爆、转为牛市，有些债券溢价高至140元，照样有非常多的人去交易，而实际上这些债券到期的价值可能也就是105元。

市场中专门有一类基金可以帮大家去做债券投资，叫债券基金。债券基金的经理会尽最大的努力去挑选市场上评级最高的债券，同时以确保最大收益为目的去买卖债券。但因为此种投资的收益不会特别高，所以，我个人不建议读者把债券或者债券基金作为主要的投资品种。

2008年发生在美国的次贷危机，就是由债券引发的一场全球性金融风暴。次贷的全名是次级抵押贷款，"次"就是劣质的意思，为了方便大家理解，我用一种简洁、通俗的方式来解释美国的这场次贷危机。张三看中了一套海景房，但因钱不够，就找银行贷款，银行为了提高贷款率，根本不评估张三的现金流和征信情况，直接放了款。而在此时的市场上不止张三在贷款，还有李四、王五等几千万人在因为相似的原因同时申请着贷款。这时候华尔街的投行（即投资银行）经理自以为发现了商机，于是这些投行经理把这些贷款全部买断，打包在一起以债券的形式再卖给二级市场中的散户，并美其名曰——次级抵押债券。散户根本看不懂这个债券到底是什么，但既然大家都在买，于是也跟着买。当整个房地产市场中的贷款人都发生断供（即还不起房贷）的时候，这些债券就变得一文不值，而当所有人都意识到买入的债券一文不值的时候，经济危机就会发生，这一次的经济危机席卷了全球，让买了这些垃圾债券的人血本无归，同时有好几家老牌的金融投行都因此倒闭。

债券的种类有很多：按发行主体划分，有政府债券（国债、地方政府债券）、金融债券、企业债券；按财产担保划分，有抵押债券和信用债券。债券不是本书的重点讨论内容，读者们知道有这样的投资品种即可。

股票和基金

对于初学理财知识的人来说，股票似乎是一个非常高深的东西，一方面，行情软件上花花绿绿的蜡烛图让人眼花缭乱，根本看不出是涨是跌；另一方面，电视上总是充斥着有关股市的信息播报，里面提到的术语让人感觉云里雾里，完全听不懂，比如"恒生指数今天上涨100点""纳斯达克指数今天下跌50点"。大部分人都会产生这样的疑问：股市每天的报价是什么意思？同时，偶尔还会听到一些这样的负面新闻：××企业涉嫌业绩造假；×××涉嫌操纵股价等。另外，随着智能手机的极大普及以及移动互联网的飞速发展，我们在上班或者出行的过程中经常会听到旁边的人说："你最近的股票怎么样？"在这种情况下，很容易让人产生一种错觉：怎么买股票就和买菜一样简单？的确，一个人只需要一张身份证并年满18周岁，就能在网上开户进行股票交易。但事实却是，门槛越低的事情难度越高，正因为买卖股票看上去非常简单，所以才让无数人不断被"割韭菜"。

面对股市我的第一反应是：股市怎么这么乱？为什么在这么乱的情况下，还有这么多人要去买股票？随着自己慢慢深入了解之后才知道，风吹草动的渲染和话题的制造也是股票涨跌的一部分。因此，想要做好投资，我建议大家要慢慢学会甄别和筛选市场中的杂音，提高自己的判断力，慢慢培养独立思考的习惯。对于普通投资者来说，不需要做到100%的胜率，只要胜率高于50%，就能实现长盈（注：长期盈利），努力把自己的胜率提高到50%以上，才能在"股海"或者"基海"中长久遨游。

大部分人对于股票和基金的直观感受是：股票涨跌幅比基金涨跌幅大，所以股票交易更刺激。然而，这种看法

并不正确。基金其实就是一揽子的股票，虽然在股票数量
较多的情况下，确实能对冲掉部分的涨跌幅。但如果遇到
大牛市或者大熊市的时候，基金的涨跌幅一点都不比股票
逊色。具体可以参考图 1-1。这是 2020 年 2 月某一日的
市场情况：上证指数下跌 7.72%，深证成指下跌 8.45%，
创业板指下跌 6.85%；宽基指数方面，沪深 300 和中证
500 分别下跌了 7.88% 和 8.68%。

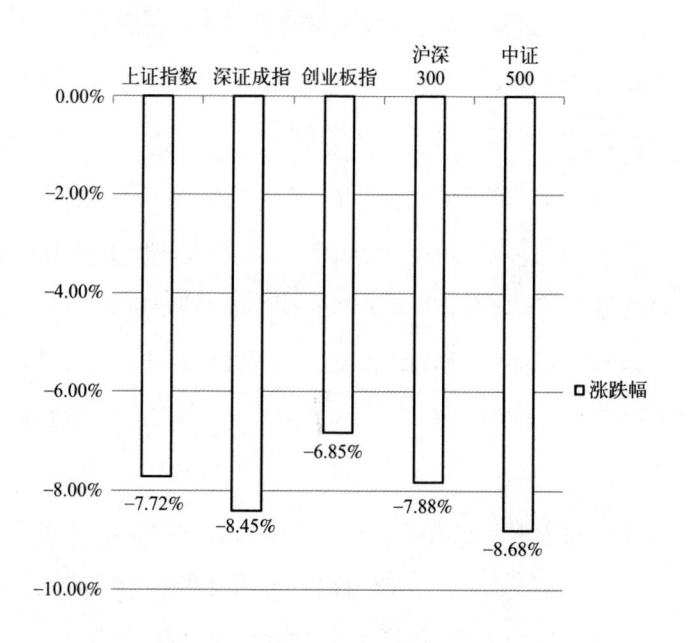

图 1-1 2020 年 2 月某一日的市场情况

　　股市是情绪的放大器。2020 年 2 月 3 日是春节后开盘的第一天，也是新冠疫情在中国国内暴发之后的第一个开盘日，这一天市场的情绪极其恐慌。2020 年第一季度的 GDP（注：国内生产总值）同比下降 6.8%，传导到股市上，就是千股跌停，大盘指数也有直奔跌停而去的态势。

　　基金的种类繁多，一般情况下，是为了某种目的而设立的具有一定数量的资金，比如养老基金、公益基金、证券投资基金等，简单理解就是为了做一件事情把资金筹集在一起。而证券投资基金也分很多种：按投资标的进行分类，可以分为股票基金、货币基金、混合型基金和债券基金等；按运行方式进行分类，可以分为开放式基金和封闭式基金；按投资理念进行分类，可以分为主动基金和被动基金。

　　现在市场上，基金的种类和数量越来越多，对于普通投资者来说可谓眼花缭乱，哪怕是同一个类型下的基金也有好多种，我们要怎么选择呢?

　　面对众多基金，我建议大家只搞清楚其中的一种，就足够用于日常理财了，这种基金就是本书的重点：证券投资基金里的指数基金。读者们不需要担心复杂的金融知识和名词解释，我会尽可能地用通俗的语言来描述，让以前没有接触过投资知识的"小白"也可以轻松理解。

黄金

民间有个理财高论："盛世买古董，乱世藏黄金。"相信大家对于黄金都不陌生，闪闪发光的黄金总能给人带来一种非常保值的感觉。须注意的是，本书这里提到的黄金，指的不是我们在商场柜台中看到的黄金饰品，如果你想通过投资黄金来获利，切记不要买这一类的黄金。虽然黄金饰品的原材料也是黄金，但它属于消费品的范畴，保值功能要弱于投资黄金。有去过这种黄金饰品店铺的朋友，会发现在这些黄金饰品标价的旁边还附有手工费或者工艺费，而且黄金首饰在佩戴过程中还会有磨损。所以相比之下，金砖或者金条会更有保值的功能。

黄金可以保值，是因为它具有三个特点：第一个特点是其价格波动一般不会太大；第二个特点是可以长期保存，不容易变质或者氧化；第三个特点是能被老百姓认可，黄金是一种在全球范围内都被认可的投资品。

这里还需要注意的是：黄金本身并不能创造新的利润和价值，它不同于优秀的企业，一家优秀的企业可以源源不断地创造出人们喜欢的商品从而获得新的利润，而黄金则不会。所以，以黄金为代表的贵金属的保值一般体现在防范通货膨胀带来的风险，而不是增加投资者的收益率。

P2P、比特币等高风险投资品

近几年来，市场上出现了各种各样新兴的投资种类，比如 P2P（网络借贷平台）和比特币，表面上看这些新兴投资种类所带来的投资产品收益率非常高，但高收益伴随着高风险。

P2P 的英文全称是 Peer to Peer Lending，中文全称为点对点网络储贷。通俗的说法：P2P 就是将小额资金聚集起来借贷给有资金需求人群的民间小额贷。

早期为了使更多人投资 P2P，P2P 平台方甚至给出高达 8%~18% 的年化收益率。大家可以想想，一个年化收益率 3% 的银行无风险理财产品都足以让大家抢破头，更何况 8%~18%？高风险投资的结局是惨烈的，但这样的结果并不令人意外。

比特币是一种加密虚拟货币，一位名叫中本聪的程序员在 2008 年 11 月提出了此概念，当时全球正经历着金融危机。随后，比特币在 2009 年 1 月正式诞生；2021 年 2 月，比特币单价突破 50000 美元。比特币没有具体的发行方，世界上所有的比特币都是由网络节点生成，其总量恒定不变，谁都可以挖，谁都可以买卖，而且完全不记名。挖币的矿机越到后面，挖一枚比特币需要的时间越长，因此，比特币的特点就是越挖越少，越挖越难。尽管比特币的价格在一段时间内一直在上涨，但作为一个随时能被计算生成，且背后没有任何国家信用作背书的虚拟货币，它不是一种值得投资的投资品。这里请大家和我一起明确一个观点：对大多数普通人而言，一个投资品值不值得投资跟投资品价格是不是一直上涨没有直接关系，重要的是投资品背后的价值是否真实存在。

虽然目前已有些国家开放比特币支付渠道，但其盈利的逻辑仍是靠更多的人买入并为其推高单价。虽然比特币与黄金一样，本身不创造价值和利润，但由于其虚拟性和不稳定性并存，因此并不建议大家投资。

在对某一投资品进行投资之前，一定要理解其投资逻辑。仅仅看到其他人都在买，于是自己也跟风去买，这不是正确的投资逻辑，而是从众行为，是要付出代价的。

不同投资品种的年化收益率

在了解完市场上常见的投资品种后，我们来看看全球近两百年来不同投资品种的年化收益率，这会让你能够更直观地理解投资品种。杰里米·J.西格尔在1994年出版的著作《股市长线法宝》里提到，如果一个虚拟投资者在1802年，将1美元分别投资于美国的股票、债券、短期国债、黄金及美元现金，并持续持有200年，这些投资品的年化收益率分别为：美国股票，6.6%；债券，3.6%；短期国债，2.7%；黄金，0.7%；美元，-1.4%。

由此可见，在持有期限为200年的投资品种里，股票的收益率最高，其次是债券，最差的是现金。因此，在投资的过程中，我们要评估好每一笔资金闲置的时间，因为在1年和5年两个时间期限里，投资品种的选择造成的收益率差别会非常大。

首先，从长期来看，不必在意股票是否确定为年化收益率最高的投资品，其增长幅度与现实社会生活的经济增长程度相关。其次，美国的金融市场非常成熟，金融市场越成熟，平均收益率就会越趋近当地的经济增长率。第三，在短期内，收益率能达到百分之几十的投资产品，肯定做不到长期维持高收益率。

如表1-1所示，1万元的本金，在不同年化收益率的情况下，10年后的具体收益，在表中可以看到在连续10年100%的收益率后，1万元的本金变成了1025万元，这样看是不是就觉得这种极高收益率的情况发生的可能性极低了！所以衡量一个投资者是否优秀，需要把时间线拉长，越长越好，至少经历一个牛市和熊市的周期，这样才能看到他真正的实力。具体可以参考巴菲特所创建的投资公司伯克希尔·哈撒韦公司的收益变化。

表 1-1　本金 1 万元，不同年化收益率的产品在 10 年后的收益

年化收益率	3%	5%	10%	15%	20%	25%	50%	100%
收益（万元）	1.34	1.63	2.59	4.05	6.19	9.31	57.67	1024
收益本金总和（万元）	2.34	2.63	3.59	5.05	7.19	10.31	58.67	1025

三、了解自己的风险偏好和适合自己的投资方式

投资是一件非常私人且不需要和别人比较的事情。每个人的性格特点、受教育方式和家庭背景等都有所不同，因此也导致他们的投资方式和风险偏好并不相同。比如，家里刚拆迁完两栋房子拿到拆迁款 500 万的投资者和努力创业五年赚了 500 万的投资者，二者对于风险的认识和态度就有可能完全不一样。

本小节我将跟大家聊聊五种风险偏好及与其对应的较为适合的投资品种。

五种风险偏好

中国银行业从业人员资格认证考试的教材《风险管理》中提到，投资者可分为五种风险偏好。设置这五种风险偏好是为了评估每一位投资者对待风险的态度，这个态度也可以理解为该投资者的风险承受能力。这五种风险偏好分别为保守型、稳健型、平衡型、积极型和激进型。每一种风险偏好对应的投资品种是不一样的，读者们可以找找相关的测试题目，测试一下自己的风险偏好，对自己的风险承受能力有个大概的了解。

当然，风险偏好会随着投资者投资经验的丰富而发生改变，并不是一成不变的。投资者在投资的过程中经历越多，抗风险能力就会越强。

五种风险偏好对应的投资品种

接下来我将详细给读者们介绍一下这五种风险偏好的特点以及不同风险偏好适合的投资品种。

保守型：此类型投资者以不在投资上有任何损失为目标，同时希望资产的流动性能够处于最高级；投资理财的目的在于保值。这类投资者适合购买银行储蓄、国债、货币基金等产品，最常见的就是银行活期储蓄或者余额宝。

虽然收益率低，但是胜在流动性高，并且有安全保障。

稳健型：稳健是此类型投资者的首要目标，可以少赚点、赚慢点，不亏就是赢；尽可能地不要亏损是稳健型投资者对待风险的主要态度。这类投资者适合购买银行中短期理财产品或者债券。相对于保守型投资者来说，稳健型投资者对待风险不会特别害怕或者厌恶，但承受风险的能力较弱。

平衡型：此类型投资者进行投资的首要目标是追求较高的投资收益，但不愿意承受较大的风险。平衡型投资者对于投资产品价值的波动有一定的理解和承受能力，对于风险也有一定认识，比较适合购买货币基金和少量的股票作为投资组合。

积极型：创造高收益是此类型投资者的首要目标，同时他们对于风险不会表现出特别抗拒，认为高收益的同时理应伴随着高风险。积极型投资者比较适合购买股票、股票型基金。

激进型：此类型的投资者与保守型的投资态度完全相反，激进型投资者主要追求资金的增值，并且在遭遇资产价格大幅波动时能够接受，激进型投资者不害怕本金的损失，并且愿意为了以后较高的收益而承担资产的大幅度波动。

以上五种风险偏好没有优劣之分。记得我刚开始做投资的时候，做的测试结果是平衡型，当时我还有点失落，认为这个结果表示自己缺乏风险承受能力。但通过不断学习和进步，我对于风险的认识也越来越清晰，所能承受的风险也发生了改变。

四、有财可理

有些人会说：你的投资理财能力再强，手上没有本金或者本金很少，能获得的绝对收益也不会很高。是的，尽管我们现在拥有的现金不多，但只要我们懂得积累，只要能够找到足够长的坡道（投资手段），雪球（手中的资金）就能越滚越大。

制定目标

如果你刚开始接触投资理财，需要先制定一个短期目标，一个尽量能在一年内实现的目标，可以是去某地旅行的费用，可以是买一部新款手机的预算，可以是攒够继续深造的学费，总之要越具体越好。目的是用这个短期目标来不断提醒自己攒钱（或储蓄）的重要性。

目标制定好之后就开始实施储蓄计划。在储蓄的过程中你会体会到对消费欲望的克制和延迟满足带来的喜悦。

等到人生中第一个储蓄的短期目标完成之后，就可以开始制定长期目标了。在理财的早期阶段，很多人一上来就信心满满地制定一个非常宏大的长期目标，比如退休金、环游旅行所需的费用等。并不是说定下这些目标不好，而是这些目标的实现周期有些漫长，一旦在中途坚持不下去，会非常打击信心。所以，不要好高骛远，先从一年的短期目标开始，从你的收入中扣除一部分作为实现小目标的资金，慢慢地就能收获惊喜。

学会投资自己

投资不止于投资资产，还要学会投资自己。从出生开始，每一个人每时每刻都在投资自己，只不过在我们参加工作进入社会之前，主导者是父母和老师，他们引导着我们对自己进行投资。

随着社会发展越来越快速，我们或主动或被动地在离开校园之后都需要学会自我成长，也就是我们所说的投资自己。"投资自己"听上去似乎范围很宽泛，需要用的金钱也较多，有些人会觉得力不从心。这点请大家不要担心，哪怕一年的投资收益只有一两千元，只要我们把时间和精力花在自己身上，花在培养自己的社交能力或者工作技能上，所产生的回报也将会是几倍甚至几十倍。

进行投资的过程其实也是投资自己的一部分，因为在投资的过程中，你需要对不同投资品种的商业模式进行分析，这个分析的过程就是学习和成长的过程，不同投资品种的商业模式天差地别，以前的朝阳行业会成为今天的夕阳产业，全新的行业也会层出不穷，这些都需要你不断地学习和研究，因此投资与学习一样都是要做一辈子的事情。

计算自己的价值

我们无论是为别人工作还是自己创业，都要清楚自己当前的价值，最简单的办法就是计算自己的时薪。比如，一个人月收入是 16000 元，按照每周工作 40 个小时计算，一个月就是 160 个小时（为了好计算，这里一个月的工作日我们假定为 20 天），那么时薪就相当于 100 元。做任何事情之前，一定要明确地知道现在做的这件事值不值得，特别是在业余时间里。如果能将这样的业余时间好好利用起来，也算是对自己进行了投资，因为年轻人最大的资本就是时间。

我们每个人的时间都是一样的，每周都有 168 个小时，不会多也不会少。除去每天 8 小时的睡眠时间，一周还剩下 112 个小时。再减去每周工作的 40 个小时，每周通勤时间 14 个小时，午休时间 7 个小时，一周还有 51 个小时可供自己支配。对于加班非常频繁的朋友，我们把每周工作时长放宽为 60 个小时，一周也还会剩下 31 个小时。

大家可以计算一下每天花在不同事情上的时间，如此一来，就能明显地感受到时间的流逝。

五、投资要趁早

看到这里，你可能已经意识到投资在生命中的重要性，在这里我要区分一下投资和投机的区别。

投资与投机

为了加深大家对这两种行为的理解，读者可以先尝试判断一下以下两个例子，哪一个是投资？哪一个是投机？

例子 1：

小明昨天因为听到隔壁老王说某个股票能赚钱，于是他跟风买入了 1 万元，在第五天的时候卖出，卖出总价为 1.5 万元，一共赚了 5000 元。

例子 2：

小昆每天自学指数基金，在一年前买了 1 万元的某只指数基金，目前每年有 500 元的分红，同时该指数基金的净值还在一直上涨，小昆目前还在持有中。

大家能看出来谁是投机谁是投资吗？ 对的，前者是投机，后者是投资。

在我看来，投机者买入投资品之后，不一定懂得投资品背后的价值，买入的依据是相信有其他人会为他的投资品接盘。投机者利用市场出现的价差，通过买卖从中获得利润，这一类行为统一称为投机。比如 A 城的白菜 5 元 / 千克，B 城的白菜 0.5 元 / 千克，中间的运费是 1 元 / 千克。把 B 城的白菜运到 A 城出售，每千克直接获利 3.5 元，这就是投机。通俗的解释：在现实生活中，只要想着靠其他人用更高价给你的投资品接盘，这种行为都是投机，最常见的投机行为就是买卖比特币。

而投资者在认真研究某只个股以及该企业的经营状况后，购买了该企业的股票，并期待该股票在未来的时间里可以产生可靠、稳定的现金流回报，这种行为就是投资。再比如，A 城的白菜地一块售价为 10 万元，一块地种一年的白菜能卖 20 万元，不管地价之后的涨跌，仅仅靠种白菜每年就能获得纯利 10 万元，于是你购买了 A 城一块白菜地，这个行为也是投资。

投资和投机没有高低之分，世界上也不乏投资和投机高手的存在。

复利的力量

有人曾经说过，复利是世界第八大奇迹。但我想让大家对复利的理解更加深刻些，给大家出一道小小的计算题。这道题是这样的：第一周给自己存 1 元钱，第二周存的钱是第一周的两倍，第三周存的钱是第二周的两倍，以此类推，那么第二十周的时候，需要存多少钱？

答案是：524288 元。

以上这个例子是按每期 100% 复利计算的结果，仅仅第 20 期，从 1 元钱一期开始的储蓄，就变成了 524288 元一期，由此也可看到复利的力量。

投资理财是一辈子的事

和投资自己一样，投资理财也是一辈子的事情，而且投资时的心态格外重要，你是否在身边见到过这样的情形，股市大涨的时候，有人会向周围朋友们炫耀："今天股市大涨，今晚的晚餐由我买单！"遇到股市大跌的时候，又会在朋友群里抱怨："今天股市大跌，晚上只能吃馒头了！"实际上，如果投资者能拥有一个良好的投资观念，股票或基金单日的涨跌幅对于日常生活的影响真的是微乎其微，最多就是情绪有些波动。如果今天的股市真的赚钱了，你真的会马上卖出，然后把钱拿去吃喝玩乐吗？不会的。因此，投资股票或者投资基金，不要在意一朝一夕、一城一地的得失，只要长期来看趋势是一直往上走就可以了。

如果想成为一个长期投资者，在投资市场上长远地走下去，一定要知道哪条路是正确的、哪条路根本走不通，要懂得保护自己。只有知道了哪个方法能成功、哪个方法会失败，才能走好当下的每一步。哪怕一开始不知道，错了几步，也没关系，只要及时反思、及时总结，不断学习就一定不会继续错下去。既然投资理财是一辈子的事情，那么我们在实际的理财过程中，务必要做出有利于长远的理财选择，同时要保持持久学习新知识、新理念的能力，不断提升自己的财商。

投资"不要亏损"

在投资股票或基金市场时，投资的资金一定要低于你能承受得起的损失金额，也就是说在生活上暂时用不上（短则 5 年，长则 10 年）的钱；一旦这笔钱真的发生损失，在可以预见的将来也不会对你的日常生活产生任何影响。这也印证了巴菲特说过的两条投资建议：第一条，不要亏损；第二条，永远记住第一条。投资新手们会认为巴菲特的建议是指不能出现亏损，哪怕账面上的亏损。但实际上巴菲特说的"不要亏损"指的是长期看不要亏损即可；短期的亏损不要影响到正常生活，包括心情。

不管你接触投资有多久，投资的最终形态一定是资产的有效配置，这意味着你需要深刻认识到收益和风险，即哪些投资品种可以投，哪些不可以投，哪些能多投点也不影响日常生活。这些都是一辈子需要学习和总结的内容。

六、总结

本章主要介绍了普通人能接触到的投资品种，从银行的定期、活期储蓄到曾经风靡全球的比特币。在充分了解投资品之后，我们要知道每一个人都可以随时开始理财，理财和投资越早开始越好。不仅如此，我们还要知道投资自己才是最值得的投资，持续地提升自己的赚钱能力。

▶ 第二章

工薪阶层的投资法宝
——指数基金

在本章内容开始之前，我先给大家讲一个小故事，大家可以带着这个故事阅读本章内容。张三喜欢投资小本生意，他投资了一个抓娃娃（玩具）的店，一个麻辣烫的店，还有一个奶茶店。他还擅长观察每一家店的经营情况，一旦发现利润下降或者面临倒闭风险，他就马上把店转手给其他人，所以基本上他投资的每一家店都是获利后就转让。如果在现实生活中你遇到张三这样的人，你会投资他吗？

一、股票、基金的发展史

不得不说，股票及其交易的诞生让整个社会的资本运作效率得到了跨越式的提高。手中有资金的投资人，永远不用担心没有好的项目（优质的公司），没有资金却有好创意的人，也不用担心没有人为好创意买单（融资）。投资了某个自己十分看好的项目（购买该公司股票），因为突然需要一大笔资金周转的投资人，也能通过转售股票的形式把投入的部分卖掉变现。正是因为这些各种各样的好处，金融市场才发展得越来越稳健，与此同时监管也越来越严。随着金融市场发展得越来越成熟，投资者得到的保障也会越来越全面。

本节主要向读者介绍股票和基金的诞生过程，这是在学习投资理财新技能时必需要了解的知识，可以帮助读者们加深对股票和基金的理解。

股票的诞生

早在 17 世纪，在拥有"海上马车夫"之称的荷兰诞生了世界上第一家股份制公司——荷兰东印度公司。当时航海技术不高，出海风险极大，但海上贸易的利润丰厚。为了谋求利益，公司提出，荷兰的普通居民可以自愿成为联合公司的投资人或者股东，共同分享航海贸易获得的利润，分担产生的风险，这就是股票的雏形。

股票，是指拥有企业部分所有权的且可交易的票据。这个概念非常重要。买股票就相当于买企业的所有权，一旦我们清晰地意识到拥有某企业的股票就是拥有该企业部分所有权之后，我们对于股价的波动就会产生一些新的理解。

基金的诞生

世界上第一只基金诞生在 19 世纪 60 年代的英国。当时，凭借着第一次工业革命的成功，英国的生产力得以指数级的增长，社会财富大量积累的同时，有人开始把目光转向海外资产。但由于本地的富人对海外环境不熟悉，而且缺乏相关的投资知识，这些富人产生了委托专业人士帮忙进行海外投资的想法，由此诞生了历史上第一只基金。早期的基金与早期的股票相似——既不能退股，也不能直接变现，投资者只能通过分红或者派息的方式获得收益。

还记得在本章开头提到的张三吗？这个张三就有些类似帮助英国富人进行海外投资的专业人士，在英国富人眼里，怎样投资不重要，重要的是只要是投资，就要有一定的回报。而张三帮助别人投资所做的工作就是基金经理的工作。

指数基金的诞生

历史上第一只指数基金诞生于 20 世纪 70 年代，也就是先锋集团的先锋 500 指数基金，它的主要特色是低佣金、不激进、不保守。但大多新事物的发展都会遭遇挫折和不顺，指数基金的发展也不例外。

在当时，主流基金的销售提成都是以销售流水为主，先锋 500 指数基金推出的低佣金甚至免佣金的方式，严重地抢占了其他基金经理的饭碗。所以，先锋基金的指数基金一开始并不被同行看好，但先锋基金还是坚持自己的原则。

2019 年初，先锋基金的创始人约翰·博格尔与世长辞，其个人资产不足 1 亿美元，但其管理的先锋基金的规模超过了 5 万亿美元。先锋基金的低佣金产品每年可为投资者节省几百亿美元的管理费。

1976 年，约翰·博格尔凭借个人薄弱的力量，改写了基金行业的规则，把管理费用降到最低，虽然当时被同行嫌弃，却给无数投资人带来了更高的收益。

博格尔用一生证明了投资需要坚持一辈子这一道理。其实不仅仅是投资，包括我们的工作、兴趣或者爱好，都需要坚持不懈，认定了方向，就不要动摇。

我国第一只基金的诞生

1992 年 11 月，淄博乡镇企业投资基金正式设立，并于 1993 年在上海证券交易所挂牌，这是我国首家相对规范的投资基金，当时的这只基金是封闭型基金。经过 8 年的迅猛发展，2000 年 10 月，中国证监会（全称为"中华人民共和国证券监督管理委员会"）发布了《开放式证券投资基金试点办法》；2001 年 9 月，中国第一支开放式证券投资基金——华安创新基金——正式发行。

二、基金的种类

随着金融市场的不断发展，各种各样的投资产品越来越多，基金成为其中非常有代表性的投资品种之一。这一小节我们将重点讲讲目前我们在日常生活中最常接触到的几种基金。

股票基金

股票基金也称股票型基金。此类基金规定，其中股票的仓位不能低于80%（以前的规定是股票仓位只要达到60%即可），可以简单理解为如果基金有100元总资金，基金经理必须投入80元到股票里。在股票基金这一类别里，可以简单分为主动基金和指数基金（也称被动基金）这两类。

顾名思义，主动基金可以直接理解为人为主动操作的基金。作为普通投资者，你只要买入主动基金，基金经理就会帮你操作，操作动作包括加仓、空仓、减仓、平仓等。主动基金的盈亏主要看基金经理操作基金的实力。基金经理的提成主要与佣金有关，而佣金则与基金的规模和排名有关，在金融行业里，这种基金的排名是非常激烈和残酷的，同时具有不可持续的特点，5年前的金牌基金，现在可能早已被人们遗忘。专业机构的研究表明，2002—2017 年的 15 年期间，超过 90% 的主动基金其收益表现落后于其基准指数；也就是说，90% 的主动基金的收益没有跑赢市场的平均收益，更别说超额收益了。因此，选主动基金的关键是选基金经理人，选对人，收益就能一路走高，选错人，收益很可能会一落千丈。

被动基金则是以特定指数为标的进行的证券投资，因此又称指数基金。指数基金的持仓不受基金经理的主观意志所影响，只要买入指数基金，盈亏情况会与大盘指数的表现高度吻合。常见的指数基金有沪深 300、中证 500 等。每一个季度或者年度，指数基金就会把不符合编制规则及要求的企业股票剔除，同时新增符合的企业股票。因此，选被动基金选跟踪误差最小且费率最便宜的即可。

关于指数基金更详细的内容会在后文中叙述。

混合基金

如果一只基金其投资于股票的仓位低于 80%，那么这只基金不能称为股票基金，它有另外一个名字——混合基金。顾名思义，混合基金即指该基金中股票、债券和货币按不同比例混合在一起，且股票仓位的占比低于

80%。比如，股票占 50%~70% 的偏股型混合基金，债券占 50%~70% 的偏债型混合基金，以及股票和债券比例按市场估值调整的平衡型混合基金。

投资者在选择混合基金前，一定要仔细研究并明确该基金属于哪个类型的混合基金，手续费是多少，所持仓的股票大概都属于哪些行业。同时，在挑选的过程中，要仔细研判基金经理的操作能力，毕竟历史业绩好的基金经理更值得客户信赖。

货币基金

20 世纪 70—80 年代，美国经济持续低迷，美国联邦储备系统（简称"美联储"，即美国的中央银行）为了提高银行存款利率而推出相应的刺激政策，各商业银行推出了高利率大额定期存单，从十万到百万美元不等。一般的投资者根本买不起这种存单，于是储蓄基金公司购买了 30 万美元存单，并以 1000 美元为单位出售给散户，让散户也能获得大机构才能享有的投资回报，货币基金由此诞生。

货币基金主要投资于具有高安全系数和稳定收益的品种，比如国债、央行票据、银行定期存单等。因此，货币基金具有安全性高、流动性高和收益率稳定的特点，"余额宝"就属于我们常见的货币基金。

通常情况下，持有货币基金能获得高于银行存款利率的收益，还拥有流动性高的特点，一般赎回周期在一到两天。尽管如此，读者们还是应该知道货币基金并不承诺保障本金的安全，再安全的投资也有可能出现本金亏损的情况。

债券基金

顾名思义，债券基金就是投资于债券的基金。在基金的配置占比里，只要有80%的资产投资于债券，就会被归类为债券基金。通俗来讲，债券可被理解为欠条，你买入的债券相当于借款人写下的欠条，并承诺到期按一定利率支付利息，同时偿还本金。

在中国，债券基金的投资对象一般是国债、金融债和企业债。相较于股票基金，债券基金具有低风险、收益稳定的特点。

三、指数基金的原理

指数基金的诞生对于整个基金行业来说影响是巨大的，在了解完市面上大部分常见的基金之后，本小节将重点讲讲指数基金。

什么是指数基金

想要透彻了解什么是指数基金，就要先知道什么是指数。指数是一种能够及时反映市场整体涨跌情况的参考指标，比如散户们经常说到的大盘，就是各种财经新闻中经常出现的上证指数。上证指数的全称是上海证券交易所股票价格综合指数，其样本股是在上海证券交易所上市的全部股票。这个指数反映的是这些股票整体的变动情况。又比如上证 50，是指在上海证券交易所上市的规模最大、流动性最好的 50 家上市公司，只要投资了这个指数，就相当于买了这个指数里所有的股票。所以，投资指数基金其实就是投资一篮子股票。为了让大家一眼就能从名字知道指数的规则，指数基金的命名非常简单、直接，一般是交易所 + 数字的组合或者直接以行业命名，交易所代表企业上市的交易所所在地，数字代表成分股的数量，行业代表投资的行业。

举个简单的例子。想要知道 ×× 中学初中三年级学习成绩最好的 50 个同学的成绩，可以直接看该年级成绩最好的 50 名同学的平均分，命名为 "×× 中学初中三年级 50"；想要知道 ×× 中学初中三年级二班的考试情况，可以直接看该班级的班级平均分，命名为"××中学初中三年级二班平均分"；想要知道该中学初中三年级二班语文成绩的情况，可以直接看该班级的语文平均分，命名为"××中学初中三年级二班语文平均分"。指数命名就是这个道理，只不过指数的计算方式与平均分不一样。

常见的大盘指数有上证指数、恒生指数、道琼斯指数等，其代表的含义分别是中国上海证券交易所、中国香港交易所和美国纽约证券交易所的股市涨跌指标。

同时，指数基金分为场内基金和场外基金。"场内"和"场外"中的"场"是交易场的意思，场内基金可以直接在证券交易所内交易，而场外基金则由投资者直接向基金公司申购。有关场内基金更详细的内容会在后文中进行详述。

购买个股建立指数基金的方式可行吗？

先给出结论：既不可行，也没有必要。自己购买个股的意思就是根据某一个指数的成分股，按照其权重完全复刻买入。普通投资者如果按照指数购买个股，需要的资金量非常巨大，且如果以后某一个时间段想要加仓或者减仓，其中的操作会变得非常复杂。

举个简单的例子，如果复刻沪深300指数，那么就

需要买入 300 只个股。当你的资金变多的时候，如果加仓
50%，那么就需要测算每一只个股的权重。另外，指数都
需要定期进行调仓，把不符合指数标准的股票剔除出去，
有些是估值太高，有些是业绩增速下降，还有的是企业的
主营业务发生改变。当个人跟随指数基金做出调仓动作时，
需要耗费大量的时间和精力，实在是一件吃力不讨好的
事情。

我们普通投资者直接买指数基金就可以了。现在指数
基金的购买门槛非常低，最低定投金额低至 10 元，而且手
续费和佣金也很低，如果持有指数基金的时间长达数年，卖
出时还能免手续费，仅扣除一些持有过程中的管理费即可。

四、指数基金能赚钱吗？

指数基金真的能赚钱吗？我们用真实的数字来回答这
个问题。

中国香港地区的恒生指数从最初的 100 点，一直涨
到今天的过万点；也即当初投资 100 元，如今至少上浮了
100 倍。美国的标普 500 指数从最初的 10 点，到今天高
达几千点；也即当初投资 10 元，如今变成了几千元。中
国的沪深 300 指数自创立以来，2004 年 12 月 31 日基准

日是 1000 点，截至 2024 年 2 月，沪深 300 在 3400 点左右。所以，若你是普通投资者，指数基金不能让你在短时间内暴富，但你的财富可以通过指数基金实现稳定增长。

如何摆脱 7 亏 2 平 1 盈的魔咒？

我们经常能听到某些财经自媒体讲：中国股民平均 70% 是亏损，20% 是不亏不盈，只有剩下 10% 是盈利的，这就是"7 亏 2 平 1 盈"这一说法的由来。

尽管"7 亏 2 平 1 盈"不是百分之百准确，有时可能是"6 亏 3 平 1 盈"，有时可能则是"8 亏 1 平 1 盈"。"7 亏 2 平 1 盈"这种说法主要想表达的是大部分的股民、基民买股票、基金都是亏钱的，真正盈利的占极少数。

相关机构的调研结果表明，大部分股民、基民亏钱的一部分原因是频繁进行短线交易，也就是通常所说的"追涨杀跌"。另一部分原因是大家在进行股票交易时没有严格的交易纪律，做不到及时止损。

相较于股票，基金的复杂程度就没那么高，因为基金本来就具有很多优势，特别是指数基金。指数反映的是一个国家或者地区的整体经济状况，如果该国家或地区的经济一直稳步上升，那么指数也会同步上涨，因为这个指数是由该国家或者地区的上市公司组成，而上市公司创造的经济价值会直接体现到国家（地区）的 GDP 上。

想要摆脱"7 亏 2 平 1 盈"的魔咒，第一步是选好国家（地区），密切关注其经济形势；第二步是多看少动。

定投也需要智慧

投资指数基金相较于直接投资个股来说比较简单，不需要追踪企业的业绩和财务报表（简称"财报"），只要坚定持有就有较大概率获得不错的收益。但是我们需要对投资有一个比较清晰和整体的认识：对于一个操作难度低的投资品种，不要指望能获得特别高的收益率。如果没有核心竞争力，没有企业的护城河（指可以抵御竞争对手侵袭的坚实稳固的壁垒，包括成本优势、无形资产、转换成本、网络效应、渠道优势等），只要投入大量金钱就能创造出来的利润，一定也会被其他热钱所追捧。既然投资指数基金那么简单，那么怎样操作才能赚到钱呢？或者说赚到比别人多的钱呢？

这里给大家简单介绍一下"72 法则"。"72 法则"是指以 1% 的复利计算，72 年之后，本金就能翻倍的规律。如果年化收益率是 5%，那么 72 除以 5 等于 14.4，14.4 年就是翻倍所需要的时长；如果年化收益率是 10%，那么 72 除以 10 等于 7.2，7.2 年就是翻倍所需要的时长；如果年化收益率是 20%，那么 72 除以 20 等于 3.6，3.6 年就是翻倍所需要的时长；如果年化收益率是 100%，那么一年，就能完成本金翻倍。

对于普通投资者来说，忽略熊市和牛市的大周期，如果我们能在指数基金上获得的平均年化收益率为 10%，这相较于市面上任何一款理财产品来说都已是很高的收益率。只有不断学习，不断提升自己，建立正确的投资收益观，才可以让我们在投资的过程中少一些浮躁，多一些安稳，一旦有超额收益，还能收获意外之喜。

建立正确的投资收益观

投资不是赌博，不是一件以小博大的事情，而是一件细水长流、日积月累的事情。既然不是赌博，那我们就需要对投资建立一个正确的投资收益观，只有在价值观正确的情况下，我们所做的事情才有意义。一般来说，一个国家的 GDP 基本是由一个国家或地区所有常驻企业在一定时期内的生产活动所创造的，这些企业每天兢兢业业，不断生产商品，创造剩余价值，以期获得利润。其中的优秀企业凭借获得利润的能力得到市场的认可。而我们，买入这些企业的股票，期待能获得比较可观的回报。

对于刚开始投资指数基金的朋友，心里一定会有一个疑问：买基金会稳赚不赔吗？我的回答是：持有的时间越长，亏损的概率越小，但不意味着百分之百不亏损。长期来看，事物的发展都是螺旋式上升的，指数基金也一样。

指数基金分红的意义

我们投资指数基金获得收益的来源分为两个部分，一部分是基金净值的差价，也就是俗称的低买高卖，另一部分就是指数基金的分红，也就是说，如果我们一直持有指数基金在不做任何操作的情况下，也是能获得收益的，同时基金份额也不产生变动。

实际上，指数基金的分红源于指数中成分股企业的分红。企业会在每一年年初规划上一年的所得利润，其中，一部分利润会重新投入到生产中，比如用在厂房、人才、原料等，继续给股东赚钱，也就是复利；剩下的一小部分就会分给股东作为分红。

我们在判断企业是否会分红的时候，应该判断企业是否会用同样的钱创造出更大的利润，如果会，企业就会选择不分红，把利润留在企业里，继续投入再产出；如果不会，企业就会选择分红，把利润分给股东。巴菲特的伯克希尔·哈撒韦公司，在成立后只分过一次红，之后就再也没有分红，这是因为巴菲特认为同样的一美元，他能比普通人创造出更大的价值，因此选择把利润留在自己手上，找到机会再进行投资。

五、指数基金的优势

正如前文所说，指数基金的建立对散户而言确属利好。指数基金的大部分优点对于散户来说都是投资福音。只要利用好些这些优点，可大概率做到稳赚不赔。

费率低廉

投资指数基金的第一个优势是费率低廉。当投资者买入指数基金的时候，基金公司就会收取相关的费用。这个费用主要由申购赎回费、管理费、托管费和销售服务费这几个部分组成。无论是购买主动基金还是被动基金，这几类费用都需要支付，但相较于主动基金来说，指数基金有着费率低廉的优势，下面我们一起看看指数基金各类费用的收费情况。

申购费和赎回费

申购费指的是购买基金需要支付的费用，申购费分为前端收费和后端收费。前端收费指的是在买入场外基金时，基金公司会一次性收取的相关费用；同理，后端收费指的则是在指数基金卖出时收取的费用，但在购买时不会收费。

为了培养普通投资者长期持有基金的习惯，持有的时间越长，卖出时需要支付的手续费就越低，最低为零。目前已经有一些指数基金在持有 2 年后卖出，持有人就可以享受零费率的优惠。举个简单的例子，如果你投资一只指数基金 2 年以上，那么你的赎回费用为零，如果你选择的是后端收费的指数基金，那么你的申购费也是零。但需注意不管买什么基金，大多数基金规定只要持有天数少于 7 天，就需要支付申购金额 1.5% 的费用。因为赎回这一操作对基金经理非常不利，同时对基金持有人来说也不是好事。特别是资金量大的时候，一旦遇到大量赎回，基金经理不得不减少仓位，会导致基金份额持有量不稳定，从而引起净值波动。同时，一旦某基金因为赎回发生价格下跌时，也会引起基民（即基金投资者）的恐慌，基金经理不得不卖出更多仓位以应对更多投资者的赎回，导致资金利用率降低。这就好比你向小明借钱买了一只股票，你正准备抄底该股票的时候，结果刚买到一半，小明又突然让你还钱，买到一半的股票只能被迫卖出。

管理费

管理费是基金公司的重要收入来源之一，大部分指数基金的管理费在 0.5%~1.5% 之间按年收取或按日提取，而主动基金的管理费一般在一年 1.5% 左右，持有时间越长，费用越低。

托管费

一般情况下，基金公司筹集到的资金规模都非常大，小到几千万元，大到几百亿元。这些资金需要找银行托管，银行按相关规定对基金公司收取托管费。

销售服务费

销售服务费对大部分投资者来说都比较陌生，因为不是所有基金公司都有这项费用。我们在挑选基金的时候，可以注意一下基金的名称：字母 A 结尾的 A 类基金都不需要缴纳销售服务费，但需要支付申购费；字母 C 结尾的 C 类基金都需要缴纳销售服务费，但不需要支付申购费。如果持有时长大于一年，建议大家选择 A 类基金；如果持有时长小于一年，那就建议大家选择 C 类基金。

每个指数基金的收费标准都不一样，以上的费用都会在指数基金交易规则里做出详细说明，大家在买入前一定要仔细阅读。

被动操作

投资指数基金的第二个优势是被动操作。指数基金所投资的标的都是被动买入，投资标的直接复刻指数以获得市场平均收益，不主动追求超越指数的收益。被动操作对于每一位普通投资者来说意义重大，可以省去自己单独阅读和研究财报所耗费的精力，毕竟个人的专业知识有限，且并无必要这样做。

由于A股IPO（注：首次公开募股）的审核机制比较严格，递交IPO申请并审核通过的企业都是经营状况较好的企业。在这些上市公司里，我们挑选出其中市值最大的300家上市公司进行投资，这就是选择沪深300宽基指数的逻辑思路。

简单方便

这里的简单、方便体现在以下两个方面：第一个是指数基金直接复刻大盘指数的走势，并且可处于一直满仓的状态，不用担心应何时减仓、何时加仓，更不用面对指数涨了自选股却不涨的尴尬与无奈。第二个是指数基金对基金经理的依赖程度不高。

自我更新与修复

指数基金具有天然的自我更新和修复能力。每隔一段时间，指数基金公司就会把指数中业绩表现差的公司剔除掉，同时把业绩表现好的公司纳入指数。另外，指数反映了当地社会的经济增长情况，只要当地社会的经济一直增长，指数的总体趋势就会一直向上。

沃伦·巴菲特在伯克希尔·哈撒韦的公司年报里曾多次提到，长期战胜指数的难度非常大。如图 2-1~ 图 2-3 所示，是三个指数基金在不同时间阶段的走势图，分别反映了中国内地的 A 股、中国香港地区的港股和美国国内股市三个不同市场的状况。

图 2-1　沪深 300 历史走势图

图 2-2　恒生指数历史走势图

图 2-3 标普 500 历史走势图

可以看到，不管是哪个国家（地区）的哪个市场，指数在整体上均会向上发展，因为世界经济的整体发展趋势是螺旋式上升的，虽然这个过程是曲折的。但随着社会的进步、科技的发展，只要一个国家或地区的经济能持续向上，其指数也会保持向上。因此，投资该国（地区）股市的指数基金也表明对其整体经济形势的信心。

六、买指数基金的盈利

我们通过买卖某种投资品（以指数基金为例）获得盈利，一定要清楚获得的盈利是什么，即获得的盈利到底是企业的利润，还是市场情绪波动导致价格被推高而产生的价格差。一旦我们弄清楚这点，就可以正确看待股票、基金价格的波动。

企业盈利

好的投资品种会源源不断地带来收益，同样，好的企业也会源源不断地产生利润。一般来说，一家企业在正常生产的过程中一定会产生利润，如果长时间亏损，企业最终会面临倒闭。

举一个非常简单的例子。路口有一个经营中的煎饼摊，除去所有的成本后，这个煎饼摊每天能赚 1000 元，一个月净利润 30000 元，一年利润 36 万元。现在摊主跟你说他在这里赚够了，打算回老家种田，这个摊子打包一口价 36 万元卖给你。你仔细盘算了一下，只要一年你就能回本，于是果断成交！

煎饼摊作价 36 万被你买下，经营一年之后你支付的 36 万元也赚回来了。同时，这个煎饼摊还在源源不断地给你创造利润。当然，煎饼摊受旺季、淡季、天气等各种原因的影响，每个月的利润也会有所差异。但因为你是这个煎饼摊唯一的股东，所以无论赚多少，都是百分之百给自己赚的，即给自己的分红。企业盈利给投资者分红也是这个模式，只不过股东变成了很多人，大家按投资占比拿分红。

还有另外一种情况：在你买下这个煎饼摊的第二年，

你拿着第二年赚到的 36 万元，全部投入到煎饼摊里，出煎饼的速度和员工的数量都翻倍了。假设从第三年开始，煎饼摊每年给你创造的利润为 72 万元。虽然第二年你没有选择现金分红，但这部分利润被重新投入到煎饼摊上，每年的利润也因此提高。这时候回家种田的前摊主回来找你说，他不想再种田了，想找你买回那个摊子。如果你要卖，你肯定不会按 36 万的原价卖回给他，最低也是按 72 万元的价格卖出。这正是由于企业利润提高而导致股价提高的表现。

市场情绪

股价变动进而导致指数基金产生波动的另外一种原因是市场情绪。引发市场情绪的原因多种多样，比如某一个上市公司高管升迁或者辞职，某一类大宗商品价格上涨或者下跌，甚至是企业代言人其个人出现正面或负面的新闻等，都会导致股价波动。因此，短期的股价波动就是市场情绪带来的波动。

有些投资者看到报价很高会很开心有时开心到晚上睡不着，看到报价很低就会很难过，难过到什么事都做不了。本杰明·格雷厄姆曾说，投资者的心情不能因为市场的报价而受到影响，因为这个报价只能利用，不能预测。

不要因为自己已购买的基金价格一时上涨就沾沾自喜，也不要因为突然下跌而垂头丧气，因为在短周期的情况下，企业的业绩发生大幅度改变的概率不高。

还是回到上面煎饼摊的例子。在你买下煎饼摊的所有权之后，每天照常经营，一年净利润36万元。这时隔壁老王发现了这个生意，想着能不能找你把摊子买过去自己经营。你寻思着那肯定不能直接卖36万元，起码要50万元。没想到老王同意了，于是就这样一转手，你就赚了14万元。晚上准备跟朋友炫耀你高超的资本运作能力的时候，你从电视上看到煎饼竟然入选非物质文化遗产名录了。你心想要赶紧从隔壁老王那里把摊子买回来，这不是利好煎饼摊的消息吗！结果第二天，当你去老王家里的时候，你发现已经有好几个人为了买煎饼摊都在那里报价了，有人出80万，有人出100万，有人甚至出到150万。但是，这个煎饼摊的利润变化了吗？没有，每年依然是36万元的净利润，但报价却已经高到了150万。这就是市场情绪的表现。

正如上面所说，市场上每时每刻都会有大量的信息干扰着投资者，因此短期内投资品发生的价格波动基本都是受到市场情绪的影响。在做投资的时候，要清楚自己赚的到底是企业盈利的钱还是市场情绪波动导致估值上涨的钱。

教给大家一个可以直观地识别市场情绪的简单办法：如果在你的朋友圈或者你能看到的各种自媒体、社交网站上，有很多人在讨论某只或某类基金，那就证明市场已经开始热起来了；如果连周围平时不买基金的朋友或者同事也跑过来跟你主动讲起基金股票的事情，那证明市场已经有些过热了。这些都是情绪。

良性的盈利方式

投资指数基金的盈利方式有两个：一个是企业盈利后股价不变的情况下降低估值，使得价格更便宜（坚持定投）；另一个是市场情绪高涨从而推高估值（止盈卖出）。在投资指数基金的过程中，我们不需要经常利用市场情绪，只要坚持定投，终能盈利。但不排除市场会出现情绪高涨或低迷的时候，一旦高涨，及时利用市场出现的高报价做出卖出决策；一旦低迷，同样利用市场出现的低报价做出加大投入的决策，才是良性且能走得更远的盈利方式。

七、小结

通过阅读本章内容，读者应该了解到指数基金的费率低廉、被动操作、简单方便和自我更新与修复的特点；同时，读者也应了解到在投资指数基金之前，需要为自己设立一个符合实际预期的收益率，投资指数基金不可能一夜暴富。最后，读者还要了解到，我们在指数基金上赚钱，主要依靠的是企业的盈利能力和总体估值的提升。

在接下来的章节中，我将重点阐述如何挑选适合投资者的指数基金。

第三章

如何挑选指数基金

在了解完指数基金的投资优势之后，接下来我将给大家详细介绍一下国内市场上常见的指数基金，介绍一下指数基金的种类和常见的几个判定指标，以供大家做出最适合自己的投资选择。

一、指数及指数基金的种类

随着基金行业的发展，从最开始的宽基指数基金，到后来的指数基金，基金的种类越来越多，近几年还出现了FOF（Fund of Fund，一种专门投资于其他投资基金的基金）基金。相信刚涉足基金的投资者看到基金软件上琳琅满目的品类会有些头昏脑涨的感觉，毕竟不同的基金，特点也各不相同，接下来我们就一起了解下常见的指数及指数基金的种类。

宽基指数

宽基指数的全称是宽基股票指数，是指其中所包含的股票覆盖面足够宽泛，且配置多个行业的指数基金，其中单只股票权重占比较低。宽基指数一般可代表某一国家或某一地区整体经济运行的状况。因此，投资宽基指数可以说是投资该国家或地区的经济发展。

所以，投资宽基指数不需要任何技术操作和频繁的高抛低吸，持有、不动就能享有社会经济增长的红利。在我们的 A 股市场里，常见的宽基指数有沪深 300、中证 500、中证 1000 等。除此之外，还有红利指数、央视指数、基本面指数、恒生指数等。在境外地区，我们还会看到纳斯达克指数、道琼斯指数等，这些都属于宽基指数，接下我们详细介绍几个宽基指数，让大家在投资之前对宽基指数有个大概的了解。

1. 沪深 300 指数

沪深 300 指数是指中国沪市和深市中规模大、流动性好的最具代表性的 300 只证券（即，300 只股票），由中证指数有限公司编制。这 300 只股票综合反映了中国 A 股市场上市股票价格的整体表现，非常具有代表性。

沪深 300 指数发布于 2005 年 4 月 8 日，当时开盘点位在 984.67 点。经过 19 年的运行，截至 2024 年 3 月 19 日，该指数目标的点位是 3593.34 点。忽略分红的影响，若某人在 2005 年投资 1 万元，截至 2024 年 3 月 19 日，会收获本金和利息共 3.65 万元（保留小数点后两位，后同）。

值得注意的是，沪深 300 中的样本股也会定期调整。沪深 300 的样本股调整日是每年 6 月和 12 月的第二个星期五的下一个交易日。同时，样本股的上市时间必须超过一个季度，除非在总市值中排名前 30；一旦股票被标注 ST（Special Treatment，指特别处理，为一种退市风险警示）或者退市时，该股票就会被调整出指数样本。

截至 2024 年 3 月，中国 A 股目前有 5000 多家上市企业。一家企业能做到上市，无论其技术、销售还是产品，在行业中都算是名列前茅了。所以说，投资沪深 300 指数，意味着投资了中国综合实力最强的前 300 家企业。

2. 中证 500 指数

中证 500 指数成立于 2004 年 12 月 31 日，其基值为 1000 点，是指在沪市和深市的所有上市企业里，除去沪深 300 指数成分股之外，总市值排名从第 301 到第 800 的 500 只个股。由中证指数有限公司开发。

中证 500 中的 500 只个股，综合反映了中国 A 股市场中一批中小市值公司股票的表现。不要小看这些企业，这里不乏一些在细分行业中正飞速成长的龙头企业。这些企业一旦呈现爆发式增长，同样可以跃升成为沪深 300 的样本股。如果企业的发展遇到瓶颈，甚至落后于所在行业的整体发展，就会被剔除出中证 500 指数。这种末位淘汰的机制是中证 500 指数的特点之一，因此这是一个进可攻退可守的指数。中证 500 的特点是与沪深 300 不重合，因此在涨跌幅的表现上差异较大。

中证500虽然诞生于2004年底，但其指数实际发布日在2007年1月15日，当时大盘开盘点位是1881.5点。截至2024年3月19日，中证500的点位已经到了5514.55点。忽略分红的影响，如果从中证500刚出现即开始投资，一直持有到现在，也就是说，如果某人在2007年投资1万元，截至2024年3月19日，会有本金和利息共计2.93万元。

中证500的样本股调整日与沪深300一样，均为每年6月和12月的第二个星期五的下一个交易日。

3. 中证800指数

中证800指数诞生于2004年12月，发布于2007年1月15日，以1000点为基点，其成分股由沪深300指数的300只成分股和中证500指数的500只成分股构成，可综合反映我国A股市场里大中小市值公司的表现。因此，如果投资了中证800指数，意味着同时投资了沪深300和中证500两只指数基金。

中证800指数的投资逻辑在于，只要投资一个中证800指数，就相当于同时投资了两个指数（沪深300和中证500），而且每年还可以享受自动调仓的服务。对于投资新手来说，在没有找到自己非常心仪的投资标的的情况下，中证800指数是一个不错的选择。正是因为中证

800 指数覆盖了 A 股市场中表现不错的大中小市值的股票，投资者在持有的过程中一般不会遇到价位走势的大起大落，因而投资者的情绪也能保持稳定。投资不是一朝一夕的事情，如果决定开始投资，就要长期坚持。而在投资过程中保持情绪的稳定，可以让我们在长期的投资生涯里拥有相对客观的判断力。

截至 2024 年 3 月 20 日，该指数的开盘点位是 3884.68 点，若从 2007 年 1 月开始投资，一直持有至 2024 年 3 月 20 日，1 万元的初始投资会有本金和利息共计 3.88 万元。

4. 中证 1000 指数

中证 1000 指数是在 A 股全部个股中剔除中证 800 指数成分股后，由流动性较好且规模偏小的 1000 只股票组成。中证 1000 指数综合反映了 A 股市场小市值企业股价的表现情况。

小市值企业的股票会有一个特点——股价容易暴涨暴跌。因为这类股票盘子（即市值）小，容纳的资金也不多，所以较易被庄家操控。

对于中证 1000 指数，大家只需作简单了解即可。

5. 上证 50 指数

上证 50 指数是由沪市 A 股中规模大、流动性好、最具代表性的 50 只股票组成。因此，上证 50 指数综合反映了上海证券交易所最具影响力的龙头企业的股价表现，这个指数对股市而言，非常具有代表性。上证 50 指数基准日是 2003 年 12 月 31 日，发布时间为 2004 年 1 月 2 日，开盘点位为 997 点，截至 2024 年 3 月 20 日，上证 50 指数点位为 2414.37。

企业规模大、流动性好是上证 50 指数的特点，因此也可以把上证 50 理解为"中国核心资产"，对于不知道如何选择具体投资品种的投资新手，上证 50 指数是一个很好的选择。

值得注意的是，上证 50 指数的样本股是按最近一年总市值、成交金额进行综合排名，挑选出排名靠前的 50 名。也就是说，有可能会出现一些企业哪怕总市值的规模很大，但因为没有高成交额或者成交额较低，而被剔除出该指数的情况。

相较于沪深 300 指数的 300 只成分股来说，上证 50 指数只有 50 只成分股，范围显得不够宽。同时，因为上证 50 指数是沪市指数，所以在深圳证券交易所上市的龙头企业也无法上榜，这对于投资者来说会有些许遗憾。

6. 中证 100 指数

中证 100 指数是由沪深 300 指数成分股中市值规模最大的 100 只股票组成，以综合反映中国 A 股市场最具市场影响力的一批超大市值企业的整体状况。

跟上证 50 指数一样，中证 100 指数代表着 A 股的核心资产，配置中证 100 指数就相当于配置了 A 股的龙头企业。

最后，为了方便大家对比，我在表 3-1 中，总结了以上不同宽基指数的特点及其所含成分股。大家在挑选指数基金的时候多去对比，尽量不要挑选成分股重合的指数基金，比如沪深 300 指数和中证 500 指数不重合，但这两个指数却和中证 800 重合。

表 3-1　宽基指数对比

宽基指数	指数代码	指数特点	成分股数量（只）	编制方法
沪深300	000300	沪市和深市的大盘股	300	由沪市和深市中规模大、流动性好的 300 只股票组成
中证500	000905	沪市和深市的中小盘股	500	在 A 股中剔除沪深 300 指数成分股及总市值排名前 300 名的股票后，由排名第 301 到 800 名的 500 只股票组成
中证800	000906	沪市和深市的大中小盘股	800	由沪深 300 指数成分股和中证 500 指数成分股一共 800 只股票组成

续表

宽基指数	指数代码	指数特点	成分股数量（只）	编制方法
中证1000	000852	沪市和深市的小盘股	1000	在A股中剔除中证800指数成分股后，由流动性较好且规模偏小的1000只股票组成
上证50	000016	沪市的大盘股	50	由沪市规模大、流动性好的50只股票组成
中证100	000903	沪深两市的大盘股	100	由沪深两市市值规模最大的100只股票组成

7. 上证红利指数

上证红利指数又称红利指数，是由沪市里现金股息率较高、分红较稳定，且具有一定规模及流动性的50只股票组成，综合反映了在上海证券交易所上市的高红利股票的整体表现。这是一个有悠久历史的指数，正如其名字，红利代表着上市公司给股东派发的红利，而A股市场第一个红利指数基金（ETF）就是跟踪复刻上证红利指数进行开发的。

8. 中证红利指数

中证红利指数是由沪深两市里现金股息率高、分红较稳定，且具有一定规模及流动性的100只股票组成，综合反映了A股市场高红利股票的整体表现。值得注意的是，中证红利指数判断现金股息率的周期为两年。

对比上证红利指数，中证红利指数的优势是成分股数量更多、容错率更低，因此历年来中证红利指数的收益也比上证红利指数更高一些。

这两个指数基金是非常适合投资者投资的指数基金。如果点开这两个指数的样本列表，可以看到指数里的大部分企业都隶属原材料行业，也就是周期性行业；周期性行业受到经济周期的影响较大，进而直接影响到企业的业绩和股价。虽然股息率高，但是投资红利指数却可能会出现市值一直不涨的现象，投资者一旦选择投资这两只基金，需要给予充分的耐心，等待市值上涨。而为了让指数的覆盖范围更宽一些，我会更偏向于投资中证红利指数。表 3-2 展示了上证红利指数和中证红利指数的区别。

表 3-2　红利指数对比

指数名称	指数代码	指数特点	成分股数量（个）	编制方法
上证红利	000015	沪市	50	由沪市分红率高、分红较稳定、具有一定规模、流动性好的 50 只股票组成
中证红利	000922	沪、深两市	100	由沪深两市分红率高、分红稳定、具有一定规模、流动性好的 100 只股票组成

9. 最为重要的三个指数——上证指数、深证成指、创业板指

最后讲讲我们最常听到的 3 个指数：上证指数、深证成指和创业板指。将这 3 个指数放在最后讲，是因为经过对以上指数知识的讲解，相信大家已经对指数已有了一定的了解，理解起来会更容易。

（1）上证指数

上证指数全称是上证综合指数，也称主板，由沪市上市的所有股票组成，包括 A 股和 B 股，按沪市总股本加权计算得来。经过几十年的发展，上证指数已经成为 A 股历史最悠久的指数。上证指数诞生于 1991 年 7 月，开盘点数为 134 点，目前（2024 年 3 月 20 日）已经涨到 3058.65 点。

（2）深证成指

深证成指即深圳成分股指数，是深圳证券交易所的主要股价指数，按照一定标准选出 500 家有代表性的上市公司作为样本股，以 1994 年 7 月 20 日为基日，基点为 1000 点。

（3）创业板指

为了全面反映创业板市场的情况，2010 年 6 月，深圳证券交易所正式编制并发布了创业板指数。该指数的样

本仅有 100 个，同时参照深证成分指数和深证 100 指数的编制方法，指数的样本每个季度进行一次调整，具体是每年的 1 月、4 月、7 月和 10 月的第一个交易日，以反映创业板市场快速成长的特点。大家要注意，创业板指和创业板综指是两个完全不同的名词，市场一般提到的创业板，指的是创业板指。

以上提到的这三个指数都是非常重要的指数，了解这三个指数，有利于我们观察整个交易市场的动向。因此，在本小节的最后，我给大家列出了上证指数、深证成指和创业板指的对比（表 3-3），分别围绕指数特点和编制方法进行了比较，方便大家在阅读的过程中更快地理解。

表 3-3 上证指数、深证成指、创业板指对比

指数名称	指数代码	指数特点	编制方法
上证指数	999999	只纳入了沪市股票	由沪市上市的所有股票组成
深证成指	399001	深市的 500 只股票	由 500 家有代表性的深市上市公司组成
创业板指	399006	深市创业板的 100 只股票	由在创业板股票中选取的 100 只股票组成

行业指数

顾名思义，行业指数的意思就是该基金只投资某个

固定行业里的不同企业，如白酒指数的基金经理一定不会在同一个指数里跑去投资医药企业。区别于布局众多行业的宽基指数，行业指数只会投资固定的某一个行业，因此如果一个行业处于朝阳阶段，该行业的股价也会随业绩不断提升，投资该行业的指数基金就较容易获利；相反，如果一个行业是夕阳行业，那么该行业的发展就会逐渐减速。所以，一旦选择错了行业，投资回报的收益率会很低。

中证指数有限公司一共把行业分为4个级别，分别为一级行业分类、二级行业分类、三级行业分类和四级行业分类。

行业的划分多种多样，每一个行业的投资逻辑和成长逻辑都不尽相同，不是投资所有的行业都能赚钱，涉及行业指数基金的投资逻辑我们会在后文进行详细阐述。

主题指数

主题指数是指以某一个主题进行投资的指数，在同一个明确的主题里，行业的上中下游企业都可以进行投资，甚至涉及的区域也会包含其中，所以主题指数的涵盖范围比行业指数更宽，常见的主题指数有新能源主题、养老主题、环保主题等。

例如中证环保产业指数。中证环保产业指数选取了涉足资源管理、清洁技术和产品、污染管理等领域的100只股票作为成分股，综合反映了环保产业相关上市企业的表现。

还有中证内地新能源主题指数。中证内地新能源主题指数选取了涉足新能源生产、新能源存储以及新能源汽车等新能源业务规模较大、盈利较好的50只股票作为成分股。

ETF 基金

ETF 基金的全称是交易型开放式指数基金，俗称交易所交易基金（Exchange Traded Funds），所以 ETF 基金也是场内基金，"场"即意为交易所。ETF 基金的重点是可以在场内随时交易，这意味着你买了 ETF 基金之后，如果不想继续持有，除了赎回份额这一方式以外，你还可以随时卖给其他投资者。

QDII 基金

除了以上提到的指数基金外，我们也会经常看到其他指数，比如恒生指数、纳斯达克指数等。这类指数基金一般都不能用人民币直接投资，除非有境外证券账户。当然，还有一个办法就是投资 QDII 基金（指基金公司发行的投资海外证券市场的基金），即，投资境外的基金。一般情况下，基金公司拿到投资者的人民币之后，会将其兑成外币再买入指数。

1. 恒生指数（Hang Seng Index）

香港特别行政区作为中国重要的金融贸易港口，有着非常成熟的金融市场。香港证券交易所是亚太地区乃至全球非常重要的证券交易所。如果想要投资香港的股市，就一定要了解恒生指数。

恒生指数是由恒生指数服务有限公司编制，最初是以香港股票市场里 33 家具有代表性的股票作为成分股样本，后来数量提升到 50 家。1964 年，该指数以 100 点为基点开始运行；到了 1969 年 11 月 24 日，恒生指数首次公开发布，指数点为 150 点。截至 2024 年 3 月 20 日，恒生指数为 16559.01 点，这也验证了指数基金的优势。阿里巴巴和腾讯等国内互联网大厂都是恒生指数的成分股。

恒生指数的特点是发展较为成熟，因为在港股上市手续较为简单，所以该指数汇集了中国内地、香港、澳门三地最优质的企业，这也是国际资产做多中国企业最便捷的途径。同时，恒生指数是宽基指数，成分股分布在国内各行各业，其中包括银行业的四大国有银行，互联网行业的腾讯、阿里巴巴，博彩业的银河娱乐等，恒生指数不会因某个行业衰退而发生大起大落的现象。投资恒生指数相当于投资在港股上市的优质企业。对于不熟悉境外股票市场但想要进行全球分散投资的投资者来说，投资恒生指数是一个很好的选择。

2. 标普 500 指数（S&P 500 Index）

1860 年，普尔先生创立了金融分析机构——普尔出版公司。后来普尔出版公司和标准统计公司合并，成为世界权威金融分析机构——标准普尔。标普 500 指数的全称是标准普尔 500 指数（S&P 500 Index），覆盖了 500 家上市企业，其覆盖的企业都在美国交易所内上市，因为覆盖面足够宽、连续性足够好、代表性足够强，标普 500 指数也是美国影响力最大的指数。

标普 500 指数是一个宽基指数，其特点是其中消费、医药、科技等弱周期性行业占比较大；同时，标普 500 指数是美国的本土指数，是美元类资产，在抗风险时表现相对稳健。

截至 2024 年 3 月 20 日，标普 500 指数已达 5139.09 点，这个增长率远超大部分的理财产品。巴菲特曾多次在公开场合表示，在他去世后，会要求亲属将自己几乎所有的资产用来投资标普 500 指数。

对于标普 500 指数，读者可以简单理解为：投资标普
500 指数，就意味着投资了美国最好的 500 家上市公司。
对于想要进行全球分散投资的投资者来说，除了恒生指数，
标普 500 指数也是一个很好的选择。

二、如何挑选及投资指数基金

在挑选指数基金的时候，我们最需要关心的是指数的
成分股，通过成分股来了解指数的投资标的。接下来，我
们来讨论一下怎样具体挑选一只指数基金。

确定指数

经过前几节对各宽基指数基金的学习之后，投资者可
以选择一到两只适合自己的指数基金。

如果大家觉得太复杂的话，可以按照 8∶2 或者 7∶3
的比例投资沪深 300 指数和中证 500 指数，每隔 18 个月
进行一次调仓。这两个指数涵盖了 A 股的大中小盘，覆盖
的范围已足够广。如果觉得调仓太麻烦或者平时没有足够
的精力和时间来追踪大盘走势，直接投资中证 800 指数也
不失为一个好的选择。

筛选基金的三个判断因素

在确定了指数之后，接下来我们就需要仔细挑选具体的基金公司以及其指数基金产品。能否投资一个指数，主要通过三个因素来判断，分别是规模、成立年限以及费率。

1. 规模

指数基金的规模是一个非常重要的指标，指数基金的规模越小，被清盘的概率越大。如果基金的规模连续60个工作日小于5000万元，基金经理需要把这种情况向中国证监会（全称为"中国证券监督管理委员会"）报告并提出解决方案：合并基金、终止基金合同等。因此，在挑选具体基金的时候，特别是完全复制指数型的基金，规模越大越好。

如何查看指数基金的规模？以易方达沪深300ETF联接A为例，打开基金应用软件中指数基金的详情页，找到"基金档案"。在基金档案里，可以明确看到易方达沪深300ETF联接A的基金规模。

2. 成立年限

历史业绩对于未来的业绩没有决定性作用，但一家业绩一直很差的企业，一般人也不会指望其未来能发展得有多好，股价也不会涨太高；同理，如果一个指数基金能经受住时间的考验，就说明该指数基金未来有一定的发展趋势，这个时间的跨度越久越好，建议选择成立 5 年以上的指数基金。

从刚才提到的"基金档案"里，我们就能看到易方达沪深 300ETF 联接 A 的成立时间，是 2009 年 8 月 26 日。如果我们把过去一段时间易方达沪深 300ETF 联接 A 的走势和沪深 300 指数对比（如图 3-1 所示），可以发现二者走势基本吻合。由此说明，哪怕是场外基金，与场内也能基本保持一致，投资者在选择指数基金的时候，一定要选择和指数走势相仿的基金，否则投资收益可能无法获得市场的平均水平。

图 3-1　某段时间易方达沪深 300ETF 联接 A 与沪深 300 指数走势图

3. 费率

面对诸多候选的指数基金，在规模和成立年限都不错的情况下，我们要尽量挑选费率低的，费率越低越好，因为这样可以节省大量的成本。

如何能查到指数基金的费率？还是以易方达沪深300ETF 联接 A 为例，请读者在自己的投资理财软件中，找到并打开指数基金界面，往下拉找到"交易规则"，找到"交易规则"就可以看到易方达沪深 300ETF 联接 A 的指数基金买入的费率是 0.12%，持有时间在一年之内同时大于 7 天，卖出需要收取 0.5% 的手续费；如果持有时间在一年到两年之间，卖出需要收取 0.25% 的手续费；如果持有时间大于两年，卖出不需要手续费。这里需要读者注意的一点是，一旦持有时间少于 7 天，那么需要收取 1.5% 的手续费。1.5% 的手续费是非常高昂的，这种高昂手续费的设定也是基金公司为了帮助广大投资者养成长期持有的习惯而想出的办法。

在查看基金交易规则时，我们也能看到每年基金公司是需要收取管理费和托管费的。易方达沪深300ETF 联接 A 指数基金每年的管理费是 0.15%，托管费是 0.05%。如果现在大家手中有基金，可以看看自己持有的指数基金管理费和托管费都是多少，与咱们举例的基金比是高了还是低了？

另外，还有一种指数基金买入卖出是不需要收取手续费的，这一类指数基金名字里会有一个 C 的大写字母。对于长期持有的投资者来说，笔者不建议买入这类指数基金，为了方便大家理解，我们找一个带有字母 C 的指数基金来说明。如图 3-2 所示。

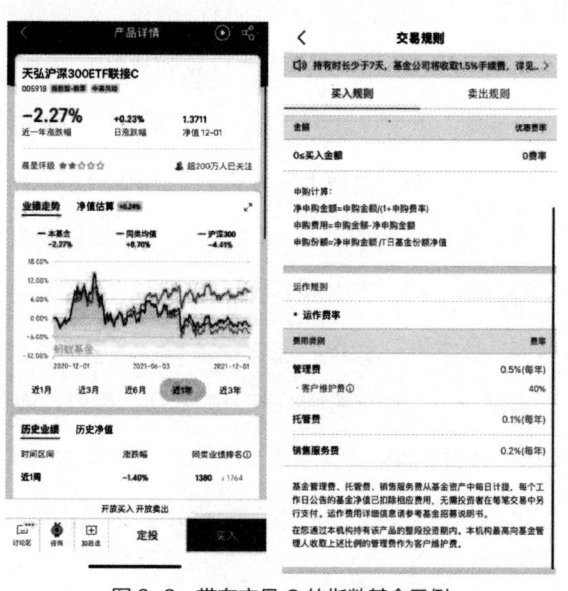

图 3-2　带有字母 C 的指数基金示例

由图 3-2 可以看到，虽然买入的费率是 0，但是该基金每年的管理费高达 0.5%，对比前面我们提到的指数基金 0.15% 的管理费要高了 0.35%。另外，托管费和销售服务费一共是 0.3%，加上管理费，每年需要缴纳的总费用高达

0.8%，而易方达沪深 300ETF 联接 A 的各项费用总计仅需要 0.2%。不要小看这相差 0.6% 的费用，对于长期投资者来说，这里面消耗掉的成本是巨大的。

费率对收益的影响

费率对指数基金的收益影响非常大，这个数字不算不知道，一算真的可以吓一跳。

每年 0.5% 以下的管理费是目前指数基金的常见费率，有些甚至能低至 0.15%。每年 1%~2% 的管理费是主动基金的真实费率，长期投资时，哪怕 1% 或者 2% 的费率也会因复利的存在而形成非常大的数字，这对投资者的收益影响巨大。

很多时候，主动基金的很多收益都被损耗在手续费和管理费上。这也是我们选择指数基金的原因，起码在费率方面较之主动基金有非常大的优势。

实战

接下来我们一起来进行一次指数基金的挑选实战演练吧。本次实战以沪深 300 指数基金为例，只做演示，不构成投资建议。如果大家想选择其他指数，可使用同样的方法。现在，请读者打开任何一款基金应用软件，搜索关键

字"沪深 300",就可以看到各种各样的沪深 300 指数基
金,如图 3-3 所示。

图 3-3 "沪深 300"搜索结果

　　第一步是把增强型的指数基金去掉。增强型的意思是
指数基金里 80% 的仓位按照指数成分股复刻,剩下 20%
的仓位由基金经理自由发挥,所以增强型指数基金的投资
逻辑与主动基金有些雷同了,即需要了解基金经理的投

资风格和过往业绩，才能挑选到较高收益的增强型指数基金。所以，不建议新手投资者选择。

第二步是把带字母 C 的基金也去掉。前文曾提到，带字母 C 的基金虽然没有买入卖出的费用，但每年的管理费比带字母 A 的基金高出不少，对于长期投资者来说，不是适合的投资品种。此时一共剩下 5 只沪深 300 的指数基金，分别是天弘沪深 300ETF 联接 A、易方达沪深 300ETF 联接 A、博时裕富沪深 300 指数 A、嘉实沪深 300ETF 联接（LOF）A、华夏沪深 300ETF 联接 A（由于笔者和读者搜索时间不同，可能最后显示结果有所差异）。

第三步就是对比这 5 只沪深 300 指数基金的成立年限和基金规模，投资者可以把所有数据用表格记录下来。如表 3-4 所示，这 5 只基金的成立时间都较长，皆在 3 年以上，而且基金的规模都不小，所以这两点不需要担心。

第四步就是对比这 5 只沪深 300 指数基金的年相关费用。在前面对比条件都大体相当的情况下，我们需要选择年相关费用最低的基金。如表 3-4 所示，在这 5 只指数基金里，费用最高的是博时裕富沪深 300 指数 A，年相关费用高达 1.18%，最低的是易方达沪深 300ETF 联接 A，年相关费用仅需 0.2%，选择后者将给投资者节省大量的交易成本。

表 3-4　沪深 300 指数基金费率对比

指数基金名称	代码	规模（亿元）	成立时间	年相关费用（%）
天弘沪深 300ETF 联接 A	000961	27.93	2015	0.60%
易方达沪深 300ETF 联接 A	110020	89.67	2009	0.20%
博时裕富沪深 300 指数 A	050002	42.72	2003	1.18%
嘉实沪深 300ETF 联接（LOF）A	160706	84.69	2005	0.60%
华夏沪深 300ETF 联接 A	000051	87.15	2009	0.60%

三、小结

通过对本章的阅读，读者们应已简要了解了什么是宽基指数、什么是行业指数、什么是主题指数，以及各指数基金类型的优缺点；并了解了如何通过对比各基金的成立基金规模、年限和费率，筛选出质优价廉的指数基金。投资指数基金非常简单，只需要掌握最基本的指数基金调研方法即可。

既然我们已经知道如何选择指数基金了，下一步我们就一起去看看如何购买。

▶ 第四章

指数基金的投资策略
——定投

通过对前面 3 章的学习，读者们已了解了挑选指数基金的基本逻辑，接下来我们一起学习如何去购买。对于如何买到便宜的基金，目前最被大家认可并采用的方法就是定投。定投的字面意思就是以固定频率对某事物进行投入。我们也可以这样理解，定投是一种生活习惯，阅读是定投，健身是定投，男女朋友间的约会也是定投。所以，只要对某件事情持续地予以投入，并等待一段时间后获得回报，就是定投。

定投，最初被称为"美元成本平均法"（dollar-cost averaging），也称为"定期定额策略"，或"币值成本平均策略"，虽然叫法多种多样，但本质不变。本章的主要内容涉及定投的意义和实际如何操作。

一、工薪阶层的投资法宝

定投是以最短时间进入投资领域的途径，没有之一。学习定投这个策略本身，读者才能更深刻地体会到什么是价值投资以及价值投资的投资哲学到底是什么，这是一个快速成长的入口，同时也是正确的入口。我很庆幸自己在刚开始接触投资的时候，就找到了价值投资这一制胜法宝，并很开心能在此分享给大家。

无论进行股票投资、基金投资、房地产投资抑或是收藏品古董投资，投资者一定要在投资的过程中建立适合自己的投资框架和投资逻辑，以便在未来的日子里能够反复使用。对于初学者来说，学习如何建立投资框架比一年赚多少钱的意义更大。投机和投资最大的区别是：投机没有任何可以反复使用的方法，一切都是靠运气；而投资则恰恰相反，只要建立起适合自己的投资框架，保证胜率，长期来看就能稳赚不赔，不要看巴菲特投资的年化收益率有20%，实际上他的投资胜率在60%左右，他胜在持续投资的时间够长，所以能源源不断地创造盈利。这一理念不仅适用于投资领域，同样也适用于各行各业，无论你是老板还是普通员工，找到一个长期胜率高的工作方式或者生意模式，你就能一直走下去，并且走得很好。

本节会介绍一些定投的基本知识，在了解什么是定投之后，怎么买卖指数基金就一目了然了。

什么是定投

正如前文所说，目前指数基金的主流投资方式是定投。早在70多年前的1949年，本杰明·格雷厄姆出版过一本关于股票投资的书，名字叫《聪明的投资者》。书中一个小节就提到了定投这个概念 ——当时是以另外一个名字出现，叫"美元成本平均法"（dollar-cost averaging），也称"定期定额策略"。

从字面上看，定投的规则非常简单，理解起来也非常容易——在固定的频率下，每次投入等额的资金到优质资产上，持续数年到数十年以上；投资者无论经历熊市还是牛市，持续、稳定地投入资金，在长时间里积累财富的方法，简称为定额定投法。零存整取（即每个月往银行里存一笔钱，等到三五年后，将本金和利息一次性取出）和定投的策略一模一样，但零存整取的风险较低，因而收益也不会特别高。

实际上，这正是定投的基本操作模式，即：每一个时间段，按照投资纪律买入某个或多个优质资产，优质资产的范围很广，比如好的股票、好的指数基金等。由于投资股票的门槛较高，需要对股票的基本面、消息面、政策面等各方面的信息进行甄别和处理，所以优质资产在这里可被直接换成指数基金，结合在上一章讲到的如何挑优质基金的知识，我们就可以开始定投了。

为什么要选择定投

在投资的过程中，很少有人能够忽略股市的涨跌波动而一直往里投入。其实，如果坚定地执行自己设置的定投计划，就可以忽略市场下跌时造成的恐慌情绪。

定投有一个优势，那就是不需要去预测大盘走势及股价，不需要知道哪个位置是最低点或者哪个位置是最高点，只需坚定地按照自己的交易纪律执行即可。本杰明·格雷厄姆认为，投资者无法预测股价。既然无法预测，那就干脆不要预测了。

本杰明·格雷厄姆告诉我们，投资者的情绪最好不要被市场的波动影响，不然就会亏得很惨。很多人看到股价一直创历史新高，就会产生"再不买就没机会上车"的错觉，然而买入之后股价就开始跌跌不休，遭遇"套牢"；而有些人看到股价一直创历史新低，同样也会产生"再不卖就亏更多"的错觉，结果一卖之后股价起飞，遭遇"卖飞"的情况。尽管我们无法预测股价，但我们可以利用股价。巴菲特曾经说过，做好投资很简单，第一个是正确认识股价波动，第二个是对投资品做好估值。不受市场波动的影响是投资的第一步，所用的办法就是定投。

不仅如此，定投还可以让你的投资成本不断降低，当股价一直下跌的时候，同样的投资金额可以购买更多的基金份额，当股价有点起色时，你的基金净值会随指数价格的上涨而上涨，这就是定投的优势和魅力。而你只需做到，计算好每期定投的金额和选择好适合你的投资品种。

表 4-1 中所显示的实例选取的是作者某一时期购买的基金：华夏沪深 300ETF 联接 A。作者一共投资了 5 年，共 20 期，于每个季度的第一天按当天收盘价买入 300 元。

表 4-1　定投实例——华夏沪深 300ETF 联接 A

时间	收盘价（元）	投入金额	购买份额	总份额	价值（元）
20×× 年 1 月	0.90	300	333.33	333.33	300.00
20×× 年 4 月	0.92	300	326.09	659.42	606.67
20×× 年 7 月	0.87	300	344.82	1004.24	873.69
20×× 年 10 月	0.73	300	410.96	1415.20	1033.10
20×× 年 1 月	0.66	300	454.55	1869.75	1234.04
20×× 年 4 月	0.72	300	416.67	2286.42	1646.22
20×× 年 7 月	0.72	300	416.67	2703.09	1946.22
20×× 年 10 月	0.67	300	447.76	3150.85	2111.07
20×× 年 1 月	0.74	300	405.41	3556.26	2631.63
20×× 年 4 月	0.73	300	410.96	3967.22	2896.07
20×× 年 7 月	0.66	300	454.55	4421.77	2918.37
20×× 年 10 月	0.74	300	405.41	4827.18	3572.11
20×× 年 1 月	0.70	300	428.57	5255.75	3679.03
20×× 年 4 月	0.66	300	454.55	5710.30	3768.80
20×× 年 7 月	0.66	300	454.55	6164.85	4068.80
20×× 年 10 月	0.76	300	394.74	6559.59	4985.29
20×× 年 1 月	1.09	300	275.23	6834.82	7449.95

续表

时间	收盘价（元）	投入金额	购买份额	总份额		价值（元）
20××年4月	1.23	300	243.90	7078.72		8706.83
20××年7月	1.28	300	234.38	7313.10		9360.77
20××年10月	1.02	300	294.12	7607.22		7759.36
20××年1月	1.08		最终价值：		8215.80	
			总成本：		6000.00	
平均购买价格	0.82		平均成本：		0.79	

在持续5年的投资过程中（不考虑各种相关费用），我们可以非常直观地看到定投的优势：投入相同金额的情况下，价格低的时候能买入更多份额，当价格高的时候，买入份额会变少。比如某年的1月，该基金的价格才0.66元，300元可以买入454.55份，到了几年后的1月，价格已经到了1.09元，300元只能买入275.23份。我们忽略价格波动，严格遵守操作纪律，即，每个季度的第一天买入指数基金，一直持续5年，"便宜的时候多买，贵的时候少买"的定投策略最终让单个份额平均成本变成0.79元。最后所有份额按照定投五年后1月的第一个交易日收盘价进行估算，可以看到最终的价值为8215.80元，总收益率是36.93%。

这样的操作听上去是不是非常简单？没错，指数基金的定投就是这么简单，只要记住核心要点——坚定地买下去，就是定投。

但是为什么我们身边能这样坚持下去的人那么少？因为在短暂的时间里，定投看不到明显收益，定投需要经过数年，账户中的数额才会出现质的盈利。

定额定投法代表着我们的投资将分散在很长的一段时间里，且不需要我们有择时的能力和选股的能力，仅仅通过交易纪律里固定金额的设置，就可以完成"低估多买，高估少买"的逆人性投资动作。其实，我们每一个人都无法预测股市的涨跌。而事实上也根本不存在所谓的投资万能公式，因为市场最亘古不变的就是一直在变化。

对于刚开始定投指数基金的投资者，我不建议一上来就把大部分的收入投进去，应该循序渐进，慢慢找到投资节奏，再逐步加大金额。

每个月定投多少合适？

在明确了定投的基本操作模式之后，接下来要做的事情就非常简单了，你只需要挑好指数基金，就可以开始定投了。可当你打开投资软件准备设置定投金额的时候，有个新问题会马上浮现在你的脑海里，"究竟每期投多少钱合适？要不要全部投进去？"

巴菲特曾在致股东的信里提及自己对于投资指数基金的观点：如果选择投资指数基金，他不会在某一个时间点投入一大笔钱，而是，会定期且持续不断地往里面投一小笔钱。

如果你是一名初涉投资的"新人"，我也不建议一上来就把积蓄全部都投进去，因为这样做就不是定投了。

如果有的读者有一笔在5年内都不会用到的积蓄，可以选择把这笔积蓄分成36~60份，每个月拿出一份来做定投，虽然5年算不上定投的长周期，但足以让你获得一个还算可观的收益。

如果有的读者之前未有储蓄，可以从今天开始，每到发工资的那天，就往你的基金账户里存入一笔钱，等待时间给你带来复利。这笔钱可以是在扣除你保证正常生活那部分开支后余额的30%~50%。举个例子，若你的工资是10000元，房租是4000元，日常生活费是2000元，那么剩下的4000元是可支配的余额。而这4000元你应该预留50%作为你的紧急开支，也就是2000元，那么剩下的2000元就可以投到你的基金账户里了。

如果有的读者还是学生，那么我不建议这类读者用生活费来做投资。如果说希望自己提前积累一些投资经验，那么可以用一点点零花钱试着接触下指数基金，感受一下投资市场的涨跌就好。

对于刚入职场的普通人来说，认真钻研工作上的专业技能比钻研投资上的技能更为重要。在初入职场时，钻研专业技能带来的回报是巨大的，你可以在做好本职工作的同时，坚持小额定投指数基金，让财富随着专业技能同步增长。

日定投、周定投、两周定投和月定投的收益区别

很多人在定投一段时间之后，都想知道定投频率对收益率的影响，毕竟所有人都想买在最低点，卖在最高点，这是人性与市场不可预测性之间的矛盾。但是，世界上没有人总能准确买在最低点、卖在最高点，巴菲特也同样做不到。

接下来作者会根据日、周、两周和月这 4 个不同的维度，对同一个基金样品、同一个周期做回测，目的是告诉大家，这 4 个不同的定投频率对最终收益率的影响。为了让样本的数据量足够大、周期足够长，这个指数基金样本需要在 10 年前就已经存在，而且基金的规模比较大，能够忽略交易费率。所以，作者回测选取的样本是华夏沪深 300ETF 联接 A，投资周期是 10 年——从

2010 年 1 月 1 日到 2019 年 12 月 31 日，最终得出的结果如表 4-2 所示。

表 4-2　不同频率定投的收益率

定投频率	每日	每周	每两周	每月
收益率	49.21%	49.09%	49.1%	49.55%

可以发现，哪怕在长达 10 年的周期下，不同定投的频率对最终的收益率影响也不超过 1%。其中收益率最高的是每月定投一次——达到 49.55%；收益率最低的是每周定投一次——49.09%。这套数据还是有一定指导意义的，至少可以向大家展示，在定投周期上，我们没有必要花太多的精力和时间去深入研究，模糊的正确比精确的错误重要，投资要学会抓大放小。

因此，建议大家在选择定投频率时，选择每月一次即可，最好把发工资的当天设为扣款日期。

二、购买渠道

在了解定投的基本原理后，本小节将重点讨论在哪里买定投以及如何买的问题。随着科技的进步，现在越来越多的互联网应用软件成为基金买卖的平台，以前买基金需要到银行柜台，手续极其麻烦，同时费率还高，现在只需要动动手指利用互联网应用软件就能买入卖出了。

场外基金定投

我们可以把场外简单理解为股票交易市场外，像银行、支付宝、天天基金网等公司代销的基金就是场外基金。最基本的判断规则是：如果你买基金的时候不需要在证券公司里开户，那就是场外基金。

投资场外基金有一个非常大的优点是，每天只有一个净值作为申购赎回的价格，这个净值就是当天的收盘价。在一般情况下，无论是股票还是基金，只要开盘，投资者进行买卖交易，股票和基金的价格就会产生波动，所以在一天之内股票和基金的价格是会上下浮动的。投资场外基金，就可以忽略这个日内波动。可能有人会质疑：我在当天之内买在最低点不就行了吗？然而这件事情实际操作起来可能比中彩票还难，我们无法预测基金价格的最低点，哪怕是以天为周期，也是无法做到的。买在最低、卖在最高，听上去很简单，实际上这是一件不可能做到的事情，因为股市的波动是成千上万人通过做出买卖决策而产生的运动轨迹，用华尔街投行人士的话来说就是"随机漫步"。

投资者还可以在交易软件上设置定投的周期和金额，实行全自动操作。图 4-1 展示了设置基金定投的操作页面，在里面可以设置定投金额以及定投周期。按照前文中所测算的收益率来看，以日、周、月为周期的收益率差别不大，为了方便起见，可直接设置以月为单位，如图 4-2 所示。

图 4-1 基金定投操作界面 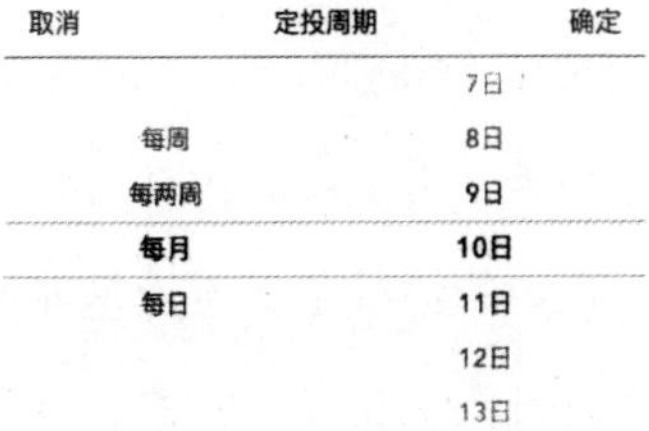　　图 4-2 定投周期设置

场内基金定投

场内基金也称为 ETF 基金，ETF 基金不能设置自动定投，只能手动买入，且交易日当天的价格每 15 秒就会跳动一次。这对于投资新手而言，非常具有挑战性。有关场内基金定投，具体的买入卖出方法我会在后面进行详细讲解。

三、计划外的交易也要讲纪律

我们有时会获得意外之财，比如中彩票得到的钱、家里得到的拆迁款，甚至是获得的一笔意外的丰厚奖励等。本小节，我将重点和大家聊聊，对于偶尔获得的计划之外的收入要如何投资，如何制定交易纪律。

高估卖出之后的钱

第一种计划外的收入是高估卖出之后获得的钱。为什么这一笔钱是计划外的呢？因为我们不知道高估什么时候会到，这是无法作出预测的。如果你对一只指数基金高估之后，坚定作出了卖出决策，特别是在定投了一个长周期之后，这笔投资的收益会非常可观。在短时间内由于指数基金仍然处于高估位置，在我们无法挑到心仪的基金时，处理这笔钱最好的办法是放在无风险有收益率的理财产品中，比如余额宝、国债、银行储蓄等，同时密切追踪市场动向，再"谋定而后动"。

等到指数基金的估值又跌回到你预期的价值或你又选好心仪的基金时，就可以重新开始买回了。在重新作出买入决策时，切记不要一次性全部投进去，而是把钱按照 3 年或 5 年的周期分成 36 或 60 份，每个月定投一份，这样就回归到最开始的定投模式，坚持两三个牛熊大周期，就可以获得一笔还不错的收益。

四、小结

读完本章，读者应该了解如何使用规模、成立年限和费率这些信息对指数基金进行筛选。不管正在读此书的你之前有没有买过基金，都强烈建议你立刻打开手机，进行一次手动的基金筛选，感受一下整个基金挑选和购买的过程，加深一下印象。

另外，读者还应该充分认识到定投的重要性。定投能让我们完全忽略市场的波动，不用担心大盘的涨跌情况。简单的定投是一个"逢低买入多份额，逢高买入少份额"的策略。虽然没有卖出指导，但基本的定投策略足以让我们的收益跑赢通胀（即通货膨胀率或 CPI），甚至跑赢各金融机构许诺的无风险理财产品的收益率。

至此，关于如何定投以及如何买入定投的方法就介绍完了。下一章，我将开始向大家介绍操作指数基金的一些进阶技巧。

‹ 第五章

ETF 基金

· · ·

了解完指数基金之后，本章将会重点介绍场内指数基金，也就是 ETF 基金。ETF 基金一点都不复杂，只需要花费一点点时间认真阅读本章，读者就可以充分了解 ETF 基金。

一、什么是 ETF 基金

什么是 ETF 基金？举个简单的例子，我们买化妆品的时候，如果专柜没有货，那就需要找代购，这个代购的模式就可被理解为 ETF 基金的交易途径。

ETF 基金概述

ETF 基金（Exchange Traded Fund）是指交易型开放指数基金，也称场内基金，即可以直接在交易所上市交易的、份额可变的开放型基金。顾名思义，场内基金的"场"就是交易所的意思，也可以理解为股票市场，目前在我国境内指的是上海证券交易所和深圳证券交易所。

有读者可能会问，基金怎么还分场内、场外？举一个例子大家就明白了。如果我们要买一双运动鞋，我们一般会直接去品牌门店或者品牌网店进行购买。但有时个别卖得特别好的鞋款，门店或者网店会经常断货，基本买不到。这时候我们就得找"鞋贩子"购买，他们的手上存有大量的鞋子，码数、款式一应俱全。

同理，ETF基金的意思就是，作为普通投资者的我们，在股票市场里与其他投资者进行交易，而不是直接向基金公司申购。因此，我们也可以把ETF基金的卖家简单理解为普通投资者。

ETF基金的短期价格与其供需有明显关系，会有轻微的浮动。场内对某一个基金的需求旺盛时，该基金就会溢价，价格比基金净值要高；场内对某一个基金的需求降低时，该基金就会折价，价格比基金净值要低，但大部分时间ETF基金都与其基金的净值趋同。一旦出现大幅溢价或者折价，ETF就会出现套利行为，价格差会被套利者迅速填平。目前，国内推出的ETF基金都是指数基金。

对投资者而言，市面上大部分指数基金既可以选择场内交易，也可以选择场外交易。投资者在投资前一定要了解清楚交易的场所。选择场内或场外交易是根据投资者自身的资金量大小和交易习惯决定的，没有孰优孰劣。

ETF 交易

ETF 基金只能在证券交易所交易，投资者只要拥有证券账户，输入基金代码就能进行交易。一般来说，ETF 基金和场外基金的交易费用会有所差别，ETF 基金的交易费用受券商佣金的影响较大，不同的券商开出的交易费率不一，有些券商会开出 0.02% 的手续费，而有些券商则会开出 0.05% 的手续费。

由于部分券商会有手续费最低 5 元的设限，所以交易的手续费没有达到 5 元，也会按照 5 元进行收费。举个简单的例子，在一个手续费为 0.02% 的券商那里，如果小明要购买价值 1000 元的 ETF 基金，那么计算出来的手续费是 0.2 元，因为 0.2 元少于 5 元，根据最低 5 元的交易手续费计算，实际的手续费就是 5 元，最后小明购买这笔 ETF 基金的佣金率就是 0.5%。所以，如果资金量特别少的话，实际佣金率会比名义佣金率高很多。

表 5-1 中列出了不同本金在进行交易时对应的实际佣金。我们可以发现，本金为 1 万元时，实际支付的佣金在不同的佣金率下还是 5 元。在 ETF 交易中，不仅买入需要支付佣金，卖出也需要支付佣金。所以，投资者在开户时一定要问清楚是否有最低 5 元的交易费。

表 5-1　佣金的具体费用

本金量	0.02% 的实际佣金	0.03% 的实际佣金	0.04% 的实际佣金	0.05% 的实际佣金
本金 1000 元	5	5	5	5
本金 10000 元	5	5	5	5
本金 100000 元	20	30	40	50
本金 1000000 元	200	300	400	500

二、ETF（场内）基金与场外基金

ETF（场内）基金和场外基金哪个更好？对于 ETF 基金来说，每天不只有一个价格，同时对于资金量大的朋友来说，ETF 基金的费率会比场外基金更低。而场外基金，虽然每天只有一个净值作为交易价格，但由于可以进行定投设置，不用担心忘记买入。

这么看，ETF 基金和场外基金各有不同，而且差异巨大，投资者挑选适合自己的投资方式就好。

ETF（场内）基金与场外基金的区别

本小节将从 6 个方面对比 ETF 基金和场外基金。

1. 购买渠道

ETF 基金在证券交易所里交易，因此投资者需要拥有证券交易户口；而场外基金，投资者在基金公司、第三方基金代销平台就能进行交易，比如支付宝、微信理财通、天天基金等。

2. 是否存在溢价折价情况

溢价折价现象只会发生在 ETF 基金，基金净值的变化，是由基金所持有股票的涨跌情况所决定的。而 ETF 基金的市场价格是由二级市场所有投资者的供需关系决定的。如果短时间内，买入者很多，就会直接推高 ETF 基金的价格，当价格高于基金净值的时候，就是溢价；如果短时间内，卖出者很多，就会拉低 ETF 基金的价格，当价格低于基金净值的时候，就是折价。一份 ETF 基金可以简单理解为一份基金的票据。我们在场内交易的所有 ETF 基金，都仅仅是在交易这个票据，正如交易债券一样，交易的价格不能改变 ETF 基金所代表的股票价格。

因此，短期来看，ETF 基金的价格由供需关系决定；而场外基金则只有一个价格，所以不存在溢价或者折价的情况。投资者在购入 ETF 基金的时候，切记要和场外基金净值进行对比，如果发现溢价太高，就可以等待一段时间，或者直接买场外基金，如果发现 ETF 基金出现折价现象，恰巧也到了你的定投日，那就果断买入吧。

3. 每天交易价格

ETF 基金在开盘之后每 15 秒刷新一次价格；场外基金每天只有一个价格，这个价格就是收盘价。对于场外基金来说，如果买入时间是在交易日当天 15：00 前，那么交易价格则按当天的基金净值成交，如果买入时间在交易日当天 15：00 之后，那么交易价格则按第二天的基金净值成交，节假日顺延到下一个交易日，如表 5-2 所示。

表 5-2　场外基金的交易价格

买入时间	交易日	非交易日
交易日当天 15:00 前	当天净值	
交易日当天 15:00 后	第二天净值	下一个交易日净值

4. 单次最低购买门槛

ETF 基金单次最低购买门槛是 100 份；场外基金单次最低购买门槛一般是 10 元起投，有些基金甚至能做到 1 元起投。

5. 能否设置自动定投

ETF 基金不能设置自动定投；场外基金可以设置自动定投。

6. 交易费用

ETF 基金的交易费用一般在 0.02%~0.05%，部分券商能做到 0.016%，交易费用的多少主要看券商的具体规定，投资者如果有不清楚的地方，可以直接向证券公司咨询；场外基金的交易费用一般在 0.12%~0.15%，目前都在打折阶段。

表 5-3 中列出了 ETF 基金和场外基金两者的区别。借助表 5-3，大家可以更直观地对比场内基金和场外基金。

表 5-3　ETF 基金与场外基金的区别

对比明细	ETF 基金 （场内基金）	场外基金
购买渠道	证券交易所 （券商账户）	基金公司或第三方 基金代销平台（支付 宝、微信理财通等）
是否存在溢价 折价情况	是	否
每天交易价格	开盘到收盘期间每 15 秒更新一次价格	一个价格，即当天收 盘价
单次最低购买门槛	100 份	一般 10 元起，部分 基金 1 元也能买入
能否设置自动定投	不能	能
交易费用	0.02%~0.05% （由券商决定）	0.12% 左右（由基金 公司决定）

ETF 基金与场外基金哪个更好?

投资者需要知道的是,ETF 基金和场外基金没有优劣之分,只看哪个更适合自己。在评估完自己的各方面情况之后,选择一个更适合自己的基金会让你在投资过程中更得心应手。

1. ETF 基金(场内基金)

ETF 基金交易就如股票交易一样操作非常灵活,所以其最大的优势也是灵活方便。股票市场开盘之后,每 15 秒就会更新一个价格,投资者可以根据不同价格进行交易。同时,相较于场外基金来说,ETF 基金的交易手续费会更加低廉,对于资金量大的投资者来说,能节省一大笔费用。

2. 场外基金

虽然 ETF 基金有着各种各样的优势,但对于普通投资者,特别是刚开始涉足指数基金的投资者来说,我更建议用场外基金的形式投资指数基金。在众多基金应用软件中,基本都有自动定投的设置,到点可进行自动定投,不用担心忘记,场内基金则无法设置。而且,场外指数基金每天只有一个价格,也就是收盘价。所以,投资者根本不必在意月内涨幅多少、大盘点位如何,专心去做自己的本职工作即可。

三、小结

本章深入讲解了 ETF 基金的优劣势，同时还将 ETF 基金与场外基金进行了对比。对于本金量较大的投资者来说，ETF 基金的投资成本更低，但需要面对价格的起起伏伏；而对于普通投资者来说，投资场外基金会更省心。

▶ 第六章

行业指数基金的投资逻辑

　　行业指数基金的投资逻辑比宽基指数要复杂，因为不同行业之间的差异很大，有些行业现金流很稳定，同时投入的成本不高，如消费行业；有些行业投入的成本高，产生的利润也很大，如医疗行业；而有的行业投入巨大，但回报率却不高，如制造行业；还有一些行业需要严密追踪宏观经济的走势和数据，如大宗商品行业；还有一些行业则需要追踪行业的销售数据，如汽车行业和畜牧养殖行业。

　　同时，在选择投资行业指数基金的时候，还要判断所选择行业是强周期行业还是弱周期行业，强弱周期行业的投资方式差别很大，会直接影响所投基金的收益率。在《投资最重要的事》一书中，作者霍华德·马克斯提到过一个现象：万物皆周期。股市是经济的晴雨表，同时也会领先于经济的表现，经济既有上行周期，也有下行周期，最后传导至股市也会呈现出周期的现象。只不过有些行业周期性比较强，一眼就能看出来，比如大宗商品行业；有些行业周期性比较弱，需要有好几年的时间才能看到，比如消费行业。

　　巴菲特曾经讲过一句话，大意是："在投资方面我们之所以做得非常成功，是因为我们全神贯注于寻找我们可以轻松跨越的 1 英尺栏杆，而避开那些我们没有能力跨越的 7 英尺栏杆。"如果实在搞不懂一个行业，不要勉强，稳定、持续投资宽基指数基金即可。

一、强周期行业

周期的意思就是，当某一现象按同样的顺序重复出现时，完成这个现象所花费的时间。经济的发展具有周期性，有些行业表现得非常明显，属于强周期行业，有些行业表现得不那么明显，属于弱周期行业。

经济的周期性是如何表现出来的呢？这里我们用著名的"美林投资时钟理论"来进行解释。美林投资时钟理论按照经济增长与通货膨胀（简称"通胀"）的不同搭配，将经济周期划分为四个阶段，分别是衰退、复苏、过热和滞涨。

第一个阶段是衰退阶段。衰退阶段的特征是产能过剩、大宗商品价格下跌，这个时候政府为了刺激经济，会采取较宽松的货币政策。当经济衰退时，强周期行业的固定资产投资会相对较弱，同时市场对这些行业的需求也在减少，而此时弱周期的行业就会受益。在此阶段债券是较好的投资产品。

第二个阶段是复苏阶段。复苏阶段的特征是 GDP 增速加快，货币的利率较低，率先复苏的行业在资金和商品成本上都处于低位，因此利润会有一个大幅度的增长，这时候金融行业、科技行业的收益较好，大家可以多关注股票。

第三个阶段是过热阶段。过热阶段的特征是企业增速下降，通胀开始抬头，政府为了抑制通胀开始采用紧缩的货币政策。在这一个阶段，大宗商品会表现较好。

第四个阶段是滞涨阶段。滞涨阶段的特征是经济过热，经济增速开始放缓，同时通胀仍在持续。由于投资需求和企业利润率都在降低，资本市场率先进入萧条期，这时就回到了现金为王的时代。

通过历史数据检验可以发现，美林投资时钟理论对普通投资者的基金投资有一定指导意义。

券商行业

所谓券商行业，顾名思义，就是经营证券交易的公司所形成的行业。券商行业是重资产行业，具有非常强的周期性，因此我们在关注股票市场资金量的同时，还需要关注券商行业的市净率（即，股票的每股股价与每股净资产的比值）。市净率是一个估值指标，主要用于重资产行业的估值计算，具体内容我们将在后文详细介绍。强周期股的市净率一般会在市场中表现出大起大落的态势，有时候会跌破 1，有时候会高达 10 倍。

作为普通投资者，我们需要做的就是密切关注市净率，在相对低估值的时候买入，在高估值的时候卖出，就能获得不错的收益。

汽车行业

汽车行业的盈利模式和商业模式都非常稳定，所以汽车行业是传统行业。现阶段的汽车行业发展分两部分，一部分是传统汽车，另一部分是新能源汽车。无论是传统汽车还是新能源汽车，都具有明显的周期性。在 21 世纪初，我国的汽车行业获得高速发展，是朝阳行业。由于汽车的社会普及率越来越高，在可以预见的未来 10 年里，汽车行业都不会有更快的增长，传统汽车也从成长期转变为成熟期。目前，新能源汽车还处于高速发展期，处在成长期阶段。

汽车行业是典型的周期行业，当社会经济整体运行状况较好的时候，消费者购车的欲望会比较高，因为整体大环境都表现得欣欣向荣，大家都对未来有美好的期待；当社会经济整体运行状况较差的时候，消费者对大件商品消费态度会比较谨慎，消费者购车的欲望就会下降。

我们都知道，车企（即，汽车生产企业）的销售额增加或者降低，最终利润会直接体现在车企每个季度的财务报表（即，财报）里，这些数据都会直接反映在股价上。

财报的公布都是在每个季度末，尽管销售量是连续的，但反映到财报上的利润是滞后的，所以股票价格的变动会出现在财报公布前。因此，相较于汽车的财报，作为普通投资者，更要关注全国汽车的销量情况，全国的汽车销量数据可以在中国汽车工业协会的官网上找到，这是目前最权威的数据来源。

钢铁行业

钢铁行业也是强周期行业。如图 6-1 所示，宝钢股份的历史走势图呈现出过山车一样的态势，这就是强周期股显著的表现。煤矿、有色金属这类的商品也属于强周期行业，如果持有以上几类商品的股票或基金，我们需要关注的是这几类商品上游的大宗商品价格。以螺纹钢的价格为例来说明，如图 6-2 所示。

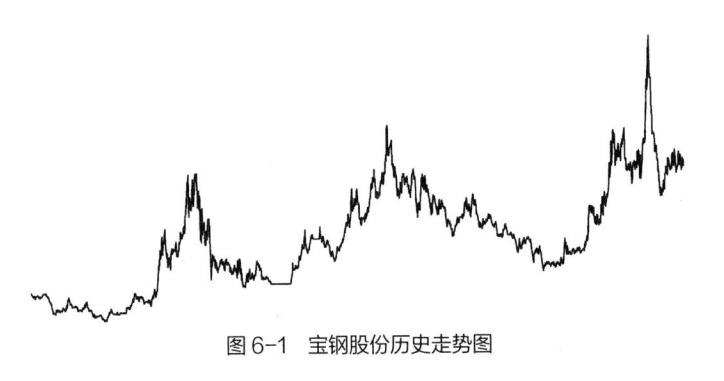

图6-1 宝钢股份历史走势图

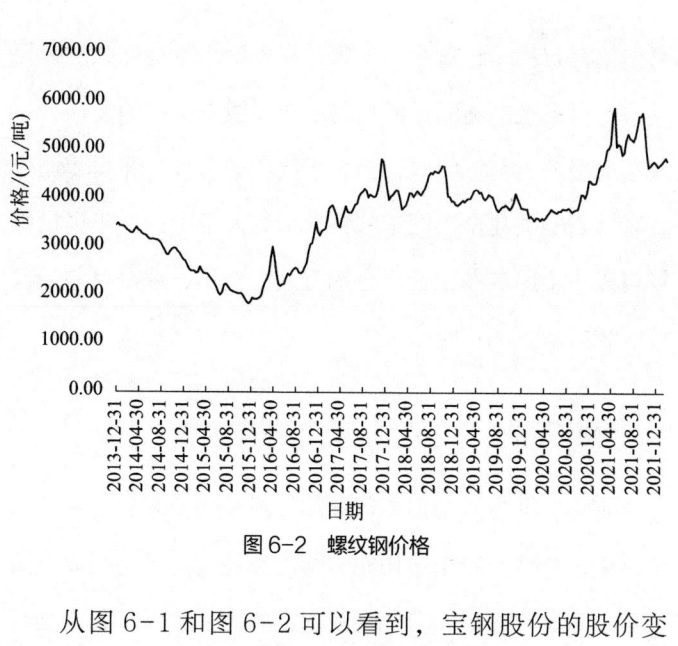

图6-2　螺纹钢价格

从图 6-1 和图 6-2 可以看到，宝钢股份的股价变化和螺纹钢的价格波动有一定的相似性。读者可能会有疑问：难道当螺纹钢价格上涨的时候，钢铁行业的股价就会上涨吗？一般来说是的。这是因为钢铁企业的生产成本与铁矿石的价格密切相关。只要钢铁的价格和铁矿石的价格涨跌趋势不一致，或者涨跌幅度不同，就会产生差价。当铁矿石的价格上涨，而钢铁的价格下降或不动，钢铁企业就会发生亏损；当铁矿石的价格上涨，但没有钢铁的价格上涨幅度高，那么钢铁企业就会产生额外盈利，这个盈利空间会非常可观，有时候甚至能有数十倍。螺纹钢的具体价格在国家统计局官网上有披露，感兴趣的读者可以登录网站自行查询。

强周期行业本质上都是资本密集型行业，所以投资者仍然需要紧盯行业的市净率。当钢铁行业的市净率处于历史低位时，很有可能该行业处于逆境阶段，此阶段行业可能频繁亏损；一旦钢铁的价格开始回升，其市净率就会反弹，股价也会同样开始起飞。

一个行业从逆境转为顺境的过程是长期的，因此如果投资者需要投资钢铁行业，一定要经受住时间的考验，买在行业市净率低位，耐心等待大宗商品价格的上涨。从本质上来说，上游的钢铁价格是由供需情况决定的，普通投资者无法非常精确地判断钢铁的价格何时会触底反弹，但买在行业市净率的低位，整体上胜率会大一些。

而当我们看到钢企的股价快速上涨时，不建议太快买入。因为当你开始关注这个行业的时候，说明已经是市场的后周期了，此时的市净率有可能已经处于历史高点，留给你的利润空间其实已经极小了。

二、弱周期行业

在本小节中，我们将重点讨论一下弱周期行业。在宽基指数基金里，权重占比较大的一般是消费行业和医药行业。这两个行业都是非常典型的弱周期行业。

由于这两个行业涉及的子行业非常多，所以在本章，我们不花太多篇幅去介绍这些细节，只着重介绍与这两个行业相关的估值指标。

消费行业

消费行业的概念非常广泛，大致分为主要消费和可选消费。所有生活中不可避免的消费都是主要消费，比如农牧渔产品、食品饮料、家庭个人用品等，都是人们生活中的刚性需求；可选消费指的是能提升生活品质的消费，但并非必需品，比如家电、服装、旅游等。

如图 6-3 所示，是主要消费行业在一段时间内的历史走势图，我们可以看到主要消费行业的周期性没有汽车行业和钢铁行业表现得那样明显，这是因为我们的刚性需求不会因为经济的变化而产生剧烈的波动，即，该吃得吃，该喝得喝。

对于这类企业，我们就需要用市盈率去估值，将其视为普通的成长股或者价值股就可以了。

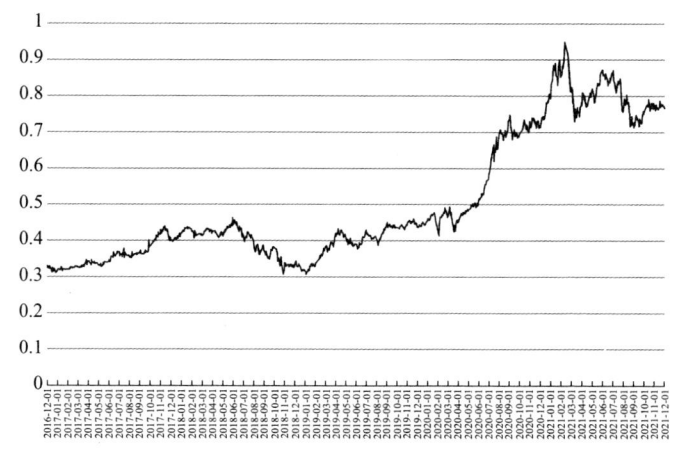

图 6-3　消费行业走势图

医药行业

医药行业在当下是一个朝阳行业，而且是一个极其复杂且庞大的行业。作为普通的基金投资者，我们对这个行业的关注不需要那么细致，因为从长远来看，医药是朝阳行业，那么在低估值的时候定投，高估值的时候卖出就能享受到行业带来的红利。我们同样只需要关注该行业的市盈率即可，等到市盈率跌到历史较低位置时，就开始定投。

三、小结

通过对前面章节的阅读，我们了解并掌握了有关宽基以及行业指数的相关知识，接下来我们一起来了解定投的策略，这些策略非常有用，只需投资者牢记并遵守，就能在投资中获得收益。

▶ 第七章

定投进阶策略

● ● ●

简单的定投方式可以让投资者忽略股市价格的波动，但在投资过程中，一旦股票市场的价格过高，就会出现同样金额买入基金份额减少的情况，这种现象在牛市的表现尤为突出。

相信在正确理解投资观念之后，投资者已经认识到简单的定投方式存在一些缺陷。本章将主要介绍几个定投进阶策略，解决简单定投方式的缺陷问题，帮助读者提高定投收益率。

一、主流的投资类别

讲述定投进阶策略之前，我们先了解一些目前主流的投资派系。

目前市面上的主流投资类别有两种：一种是价值投资；另一种是趋势投资。价值投资更注重研究企业的内在价值，趋势投资则更注重研究当下投资行业的发展趋势。

什么是价值投资

价值投资这一理念的最早出现可以追溯到 20 世纪 30 年代，由本杰明·格雷厄姆提出，但把价值投资的理念发扬光大的代表是巴菲特。价值投资的意思是买入任何一只股票、基金，都意味着持有了企业的部分所有权，哪怕买入的数量不多，对管理层的决策没有影响，但企业的发展与股票和基金的持有者息息相关，这是一种以持有实体产业的方式去做投资。

很多人天真地认为，价值投资就是买入股票或者基金然后放着一直不管就行，如此就能成为格雷厄姆或者巴菲特了。

所以网上也经常出现以"价值投资是最大的骗局"为标题和关键字的文章、视频。事实上，持有这种观点的人根本不懂什么叫价值投资，更别说利用价值投资的方法获得正收益了。投资需要的是独立思考，在当今中国的投资市场中，有真正的价值投资者。这些人能够做到知行合一，买入逻辑明确，对每份业绩财报都能及时追踪并分析，同时也不会轻易在网上借助社交媒体口出狂言。

作为一名想要在股市里健康成长的投资者，我们需要做的不仅是看指数基金的价格和收益，还要盯紧指数基金的估值变化，在发现投资产品被高估的时候，坚定作出卖出决策，而在发现投资产品被低估的时候，勇敢地作出买入决策，能够反市场而行，这就是巴菲特经常说的："别人贪婪我恐慌，别人恐慌我贪婪。"

什么是趋势投资

相较于巴菲特等人推崇的价值投资，趋势投资则完全相反。该投资理念不以企业价值为买入的依据，只买入有趋势的标的。从趋势投资的字面意义上理解就是：当你看到某个现象之后，及时作出交易决策，顺着这个趋势为自己获得投资利润的最大化，也就是"顺势而为"。趋势投资的思路来自道氏理论（一种财经概念，指股票会随市场的趋势同向变化）。趋势投资认为股票的波动有且仅有三种方式，分别为上升、下跌和震荡，一旦形成趋势之后，趋势会存在相当长的一段时间。比较常见的有"K线理论""均线理论""趋向理论""动量理论"。在我看来，趋势投资更多的是以人为的主观判断为依据进行的投资。并不是说投资不需要主观判断，相反，更多时候我们需要主观判断，独立思考；但做出独立思考的依据应该是事物发展的基本规律，而不是根据趋势做出的主观判断。

作者对趋势投资的理论一直存疑，因此对趋势投资的相关理论并无深入研究，感兴趣的读者可以自行查阅相关的文章、书籍。

哪种投资方式更好?

价值投资和趋势投资都不是容易掌握的投资方式,不能说哪一种投资方式的收益更高,也没有好与坏之分,只有哪一种是更适合自己的投资方式。投资者在选择适合自己的投资方式时,一定要学会复盘和回测,也就是事后回到买入卖出那一天的思路,查找盈利(亏损)的原因,分析出问题的地方是没有严格按照估值方式买卖,还是听信了一些财经传言等。

对于新手投资者来说,刚开始可以同时选择多种投资方式来尝试,以确定自己更适合哪一种,且每次投资一定要明确买入卖出的依据以及投资的方式,切勿用价值投资的方式做出趋势投资的交易,或者用趋势投资的方式做出价值投资的交易。

投资是一件需要不断重复的事情,这些复盘积累下来的经验是非常宝贵的,可以让我们在以后的投资道路中反复使用。

二、学会比较收益率

同样面值是 100 的钞票,我们知道 100 美元比 100 日元值钱,这是来自我们生活中慢慢积累下来的经验。

我们在面对不同的投资产品时也要做对比，这个对比的本质就是在对比收益率。正如定期储蓄的收益率比活期储蓄的收益率要高，如果有一笔长期不用的闲钱，我们一定会倾向于买入定期。指数基金也一样，不同的基金其收益率有高低之分，正确评估好每一只基金的收益，在净值低估和高估之间作买入卖出决策，才是做好投资的根本。

总收益率

总收益率的计算方式比较简单，公式为：总收益率 =[（期末总额／期初总额）−1]×100%。举个简单的例子，张三投资了一个煎饼摊，第一年一次性投入了 10 万元，5 年之后，他一共拿到的分红有 50 万元，那么张三的收益率就是 [（50/10）−1]×100%=400%。

在各基金的界面上，都会有其近期的总收益率显示，如图 7-1 所示，即为易方达沪深 300ETF 联接 A 的产品详情。可以看到，易方达沪深 300ETF 联接 A 指数基金（以截图时间点为节点）近 6 个月的收益率为 −6.93%。

年化收益率

相较于投资的总收益率，年化收益率的计算就要复杂很多；一次性买入的年化收益率是一种计算方法，定额定时定投的年化收益率又是另外一种计算方法。

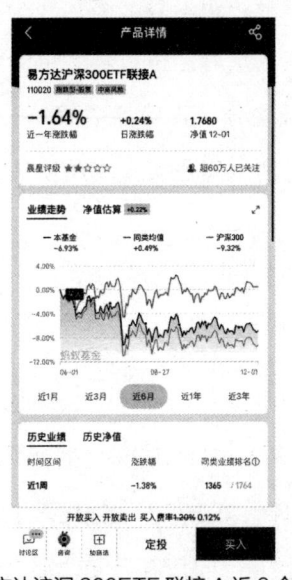

图 7-1　易方达沪深 300ETF 联接 A 近 6 个月的收益率

先向大家介绍一次性投入的年化收益率计算方法，年化收益率 =100%×[（期末总额 / 期初总额）（1/ 持续年限）-1]。我们回到前面小节中的案例，张三第一年一次性投入 10 万之后，一直没有再重新投入。五年之后，张三一共拿到了 50 万元的分红，代入上面的公式为：100%×[（50/10）（1/5）-1]=37.97%，所以，张三投资煎饼摊这五年来的年化收益率为 37.97%。值得注意的是，年化收益率是复利计算，所以不能直接用总收益率除以持续年限，那样计算出来的收益率是单利。而且，该公式只能用在一次性投入上，如果需要计算定额定时定投的年化收益率，则需要用到下面的方法。

对于定额定时定投的年化收益率的计算，我们需要运用 XIRR 函数。该函数所表达的意思是：在一定时间内，现金流计划的内部收益率。这里我们只要灵活运用 Excel 制表软件，就能轻松把年化收益率计算出来。假设张三每月 15 日定投 1 万元，持续定投一年。年底时张三打开基金账户，发现上面的账户总额为 15 万元，那么就可以直接在 Excel 表格里输入以上信息，并且在最后输入 XIRR 函数，如图 7-2 所示。

日期	投入金额	说明
2025年1月15日	−10000	定投
2025年2月15日	−10000	定投
2025年3月15日	−10000	定投
2025年4月15日	−10000	定投
2025年5月15日	−10000	定投
2025年6月15日	−10000	定投
2025年7月15日	−10000	定投
2025年8月15日	−10000	定投
2025年9月15日	−10000	定投
2025年10月15日	−10000	定投
2025年11月15日	−10000	定投
2025年12月15日	−10000	定投
2025年12月30日	150000	账户总额
	XIRR( )	

图 7-2 填入定投时间与金额

在 XIRR 的函数里，我们需要选择对应的现金流和日期流，如图 7-3 所示。

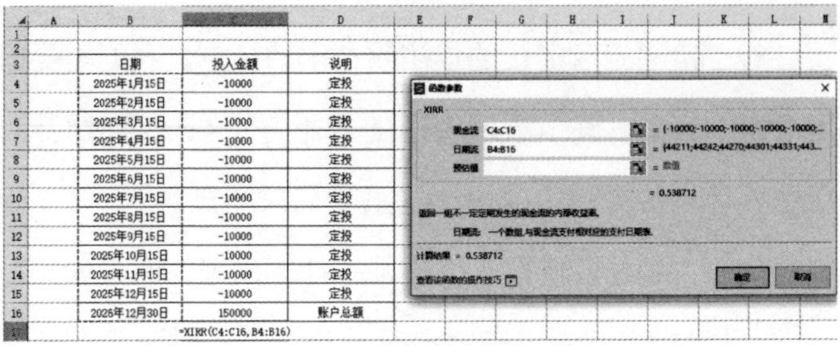

图 7-3 设置 XIRR 函数参数

点击"确定"键，就能得出 53.87%，这就是上述例子定额定时定投一年的年化收益率结果，如图 7-4 所示。

日期	投入金额	说明
2025年1月15日	−10000	定投
2025年2月15日	−10000	定投
2025年3月15日	−10000	定投
2025年4月15日	−10000	定投
2025年5月15日	−10000	定投
2025年6月15日	−10000	定投
2025年7月15日	−10000	定投
2025年8月15日	−10000	定投
2025年9月15日	−10000	定投
2025年10月15日	−10000	定投
2025年11月15日	−10000	定投
2025年12月15日	−10000	定投
2025年12月30日	150000	账户总额
	53.87%	

图 7-4 XIRR 函数结果显示

值得注意的是，上述例子中的年化收益率是非常高的，当定投的年限拉长时，年化收益率的值也会随之下降。在我们日常投资中，53% 是非常高的年化收益率，一般情况无法持续很久。

对于非定额的定投采用 XIRR 的函数也能有效计算年化收益率，理论上大部分人的定投都是定额的，读者们可以使用 Excel 表格计算一下自己定投的年化收益率，对年化收益率的计算方法有一个大致的印象。

绝对收益率与相对收益率

在介绍绝对收益率与相对收益率前，我们回到图 7-1。在图 7-1 中，我们可以看到业绩走势那一栏最右边的"沪深 300"收益率，近 6 个月沪深 300 的收益率为 -9.32%，也就是说该基金跑赢了沪深 300 指数 2.39%。对于易方达沪深 300ETF 联接 A 指数基金来说，-6.93% 是该基金的绝对收益率，而跑赢了沪深 300 指数 2.39% 是相对收益率。对于指数来说，绝对收益率是负的，相对收益率是正的，这是一个相对较好的成绩，因为有些沪深 300 的指数基金连沪深 300 指数都跑不赢。

从字面上理解，绝对收益率对标的就是零，如果一段时间下来该基金的收益率大于零，那么绝对收益率就是正的，如果一段时间下来该基金的收益率小于零，那么绝对收益率就是负的。绝对收益率是以追求资金安全为目标，这意味着无论市场涨跌，基金经理都会想尽一切办法降低资金风险，以维持基金的绝对收益率为正。绝对收益率在对冲基金中用得更多，虽然对冲基金能规避风险，但收益率不太高。

相对收益率是指相对某一个指数的收益。这里的"指数"一般都是指大盘指数，比如沪深300指数、中证500指数、纳斯达克指数、恒生指数等。相对收益率是以跑赢大盘为目标的，这意味着如果大盘上涨，基金的收益率要比大盘上涨幅度高；如果大盘下跌，基金的收益率要比大盘下跌要少。如果这只基金的绝对收益率小于零，但相对收益率大于零，说明该基金的收益率还是不错的。

绝对收益率与相对收益率不分孰优孰劣，只是侧重点不一样。绝对收益率是无论市场涨跌，都追求正收益，既然不能出现亏损，那么收益自然就不能指望高到哪里去，因此市场上偶尔会出现绝对收益率大于零而相对收益小于零的基金。有些主动型基金的经理为了规避市场大幅度下跌而造成的亏损，在熊市的时候会大比例配置债券，一旦市场开始从熊市走出时，这些配置了大量债券的基金，其收益率会低于大盘。

相对收益率的目标是超越市场的涨跌幅，所以投资初学者更适合将相对收益率作为指标。虽然绝对收益率小于零，但只要相对收益率大于零，也就是说哪怕是在出现亏损的情况下，也能跑赢大盘，只要大盘能够反弹，指数基金就能获得收益。

三、估值指标

在学习进阶版定投策略之前，我们先来一起看看常用的估值指标。

学会看估值是为了对比不同投资品种的价值高低。一般人只看重价格，价格高的就认为估值高，这是非常错误的一种估值方法，也是新手最容易犯的错误。

从逻辑上讲，业绩好、估值低的基金，长期看涨的可能性更大，但这并不意味着100%就会这样，更不意味着明天、下周、下个月就一定能涨起来，也不意味着市场下跌的时候这只基金能独善其身。

长期来看，投资需要注重的是胜率和收益率，只要胜率大于50%，就能在股市中长期立于不败之地。投资估值低的基金可以大幅度提高我们的胜率，这是概率学的基本道理，所以投资也是一门讲究概率的学问。

市盈率（PER）

市盈率（Price-to-Earnings Ratio，简称 PER）全称是市值盈利比率，也称本益比。一般情况下按照字面意思理解，市值除以归属股东净利润，或者股价除以每股收益即是市盈率。

回到前面的例子：煎饼摊一年的净利润是 36 万元，摊主将摊子卖给你的价格也是 36 万元，根据市盈率的公式计算，煎饼摊的市盈率是 36（市值）/36（净利润）=1 倍。如果摊主一开始卖你的价格是 72 万元，那么市盈率就会变成 72（市值）/36（净利润）=2 倍；又或者原价格不变，但是摊主告知你煎饼摊的净利润只有 18 万元，那么市盈率也是 2 倍。由此可见，市值的波动和企业的业绩都会影响到市盈率。

为了更好理解市盈率这个概念，我们可以做一个延伸讨论。现在假设将煎饼摊作价 360 万元卖给李四，李四不断将煎饼摊做大做强，业绩表现优异，第一年获得了 36 万元的利润，第二年获得了 72 万元的利润，第三年获得了 108 万元的利润，那么这三年的市盈率分别是 10 倍、5 倍、3.33 倍。此时煎饼摊的价格没有变，因为李四没有把煎饼摊卖掉，但是由于利润不断上涨，导致煎饼摊市盈率不断下降，李四获利颇丰。

假设李四又将摊子卖给别人，而别人也不断地转手，在转手的同时，利润依旧保持每年增长36万元：第一年36万元，第二年为72万元，第三年为108万元。在不断转手的过程中，煎饼摊的市盈率也一直保持在10倍，那么转手的价格就从第一年的360万元变成第二年的720万元，第三年的1080万元。

所以，如果一家企业的利润一直上涨的话，股东就一定能获利，要么从企业的利润中获利，要么从估值的上升中获利，企业的市值也会直接体现在股价上，二者的驱动因素都是业绩。事实上在股市当中也的确如此，只要一家企业的业绩上涨，其估值也会一起上升。这种估值和业绩一起上升的现象，被称为"戴维斯双击"。为了方便大家阅读，我把煎饼摊的市值做成了表格，如表7-1所示。

表7-1 煎饼摊的市值

市盈率	第一年利润 36万元	第二年利润 72万元	第三年利润 108万元
PER为10倍的市值	360万元	720万元	1080万元
PER为15倍的市值	540万元	1080万元	1620万元
PER为20倍的市值	720万元	1440万元	2160万元

了解了市盈率之后，我们再看一个指标名词：盈利收益率。这个指标无法通过软件查询，只能通过手动计算，但计算过程非常简单。盈利收益率的意思是一年内能带来多少的收益率，这个指标与市盈率互为倒数，也就是说，25倍的市盈率与4%的盈利收益率是相等的，4%的收益率可以看作国债的无风险收益率，因此我们只要把投资品种和国债的市盈率进行对比，就能知道哪个投资品种更便宜。

盈利收益率是市盈率的倒数，可以简单理解为该投资品一年的收益。因此，市盈率越低，盈利收益率越高，投资品的估值也就越低。若投资品的市盈率是1倍，那么它的盈利收益率是 $1/1×100\%=100\%$，意味着该投资品一年的收益是100%；如果投资品的市盈率是2，那么盈利收益率就是 $1/2×100\%=50\%$。

当然，并不是所有投资品都能用市盈率的指标去判断，市盈率只能用于判断流动性高、盈利稳定的标的。一些周期股不能用市盈率的指标进行判断。

市净率（PBR）

市净率（Price-to-Book Ratio，简称PBR）是市值与归属母公司股东净资产的比值，或者说是股价与每股净资产的比值。其中，净资产是指除去负债以外剩下的资产。市净率主要用于分析重资产行业的股票，而重资产行业的特点是资本密集，这些行业需要大量的设备和资金投入。同时，市净率还可以用来分析周期行业。

举个简单的例子：张三花了 5 万元开了一个煎饼摊，其中小摊用的三轮车花了 2 万元，炉子花了 3 万元。正准备开张的时候，突然有投资人找到张三，并开出 10 万元的价格要买张三的煎饼摊。这时候张三的流动煎饼摊市值就是 10 万元，净资产价值为 5 万元，所以市净率是 2。

张三并没有答应投资人，觉得自己干能赚得更多。刚开始时生意还不错，但过了一段时间，张三发现做生意没有想象中那么简单，而且手上的现金也快没了，于是他找回那个投资人，跟投资人说："要不这样，我把所有设备全部打包卖给你，要价 2 万元。"投资人爽快地答应了。在这种情况下，张三的煎饼摊市值变为 2 万元，净资产价值依旧为 5 万元，所以市净率是 0.4。也就是说，哪怕投资人在煎饼摊上不赚钱，只要他把所有设备变卖出去，就不会亏。这就是市净率低于 1 的真实意义（在此暂且忽略煎饼摊设备的折旧率）。

早年巴菲特在研究投资理论的时候，用到的指标——净流动资产——与市净率有一点相似。他一直寻找市价远低于净流动资产的股票，一旦发现就会大量买入。这类企业一般会面临两个结果，要么估值重新上涨，要么破产清算。这两个结果对巴菲特来说都是百利无一害，估值上涨的时候卖出就能直接获利，如果最后真的需要破产清算，因为买入的时候该企业的市值远低于净流动资产，所以也能靠收割账面资产获得变现。

用市净率估值的方法更多应用于强周期行业，作为对企业估值进行判断的指标。为什么是强周期行业？因为大多数的强周期行业都是资本密集型行业，即，企业的扩张需要更多的资本投入，可能是买地、修建厂房，也可能是买机器设备，或者本来就是围绕着钱做的生意，如银行业、券商行业等这一类的金融行业。强周期行业能用市净率进行估值，前提是其固定资产仍然有价值，哪怕在生产效益低下的时期，也不影响行业复苏时企业资产带来的相对应的回报。

因此，一般情况下，一只股票或者一个行业的市净率较低甚至小于 1 的时候，企业市值与净资产价值会相对接近，有时候企业市值还会出现低于净资产价值的情况，这两种现象出现的时候，就是非常好的投资时机。最后提醒各位读者，运用市净率对企业进行估值时，要选择那些净资产价格较大的投资品种，标的最好是强周期行业或者是重资产行业。

股息率

股息率（Dividend Yield Ratio）是指一年总派息与市值的比值，也可以按照每股派息除以每股股价进行计算（股息率 = 每股利息 / 每股股价）。因此，股息率与市盈率、市净率一样，是一个动态值，每天都会根据股价的变化而变化。在实际的投资中，股息率可以衡量企业是否具有投资价值。当股息升高，股价不变时，股息率变高；当股息降低，股价不变时，股息率变低。当股息率高的时候，说明股息高或是股价低，这是企业价值被低估的信号；当股息率低的时候，说明股息低或是股价高，这是企业价值被高估的信号。

回到前面提到的煎饼摊的例子。如表 7-2 所示，一个每年利润为 36 万元的煎饼摊作价 36 万元卖给你，你买下来之后，每年把利润分红给自己，那么股息率就是 100%，因为分红现金是 36 万元，企业的价格也是 36 万元，如果购买煎饼摊的价格不是 36 万元，而是 360 万元，那么股息率就是 10%；如果购买煎饼摊的价格是 3600 万元，那么股息率为 1%。从此例就能看出，股息率越高，购买资产花的钱越少；股息率越低，购买资产花的钱越多。

表 7-2　煎饼摊的股息率

市价（元）	每年利润都用作分红（元）	股息率
36 万	36 万	100%
360 万	36 万	10%
3600 万	36 万	1%

在真实的投资中，我们不可能遇到股息率为 100% 的指数基金，因为这是企业价值被极其低估的情况。那么我们怎么根据股息率判断企业价值是否被低估或高估呢？

最直接的办法就是与无风险收益率进行对比，这里我们假设为 4%（也就是作者在写这段文字时的国债收益率，这个收益率是变化的，读者可以根据当时显示的国债收益率进行对比）。也就是说，只要某只指数基金股息率和 4% 一样，那就意味着这只指数基金和国债的收益是一样的，属于正常估值的情况；当某只指数基金的股息率高于 4% 时，意味着这只指数基金的收益比国债的收益高，这是指数基金价值被低估的情况；当某只指数基金的股息率低于 4% 时，意味着这只指数基金的收益比国债的收益低，这是指数基金价值被高估的情况。

值得注意的是，高估或者低估都是一个持续的状态值，当指数基金进入到高估或者低估区域时，它会持续一段时间，有可能是半年，有可能是一年，也有可能是好几年。市场上不存在今天高估明天马上就变成低估的情况。

我们能在公告或者财报上查到股息的相关信息，或者直接登录中证指数有限公司官网进行查询，在下一小节的内容里，我将会提及如何进行查询。

如何进行查询

了解这些指标的含义之后，接下来我们一起看看如何通过互联网查找这些指标。作为投资者，大家一定要学会自己动手查询，尽量不要借助二手渠道得到这些信息。特别是以后研究个股的时候，学会自己分析上市公司的财报非常必要，这可以让我们屏蔽很多市场上的干扰信号。

找到中证指数有限公司官网，在搜索栏里搜索"每日板块信息"，即可查看各宽基指数上一个交易日的相关信息。这些指数包括：上证指数、上证180、上证50、沪深300、上证380、红利指数、中证红利和中证500。

作为指数基金的投资者，我们不需要每天查看估值，在短时间内指数基金的估值不会发生非常大的变化，按照自己的定投计划和交易纪律进行即可。

四、容易上手的指数基金估值法

在了解完指数基金的指标之后，本小节将重点讲讲如何根据这些指标，有技巧地挑选指数基金。

盈利收益率法

当我们在选择投资品时，主要是看投资品收益率的高低。可如何衡量收益率的高低是个非常重要的问题，我建议大家选用无风险收益率作为锚定的指标，这个无风险收益率一般在3%~4%，近些年有下降的趋势，在此为了好计算，暂且选用4%。也就是说我们所选定的投资品，如果收益率低于4%，那就没有必要继续投资，直接把钱取出来投入到无风险收益的国债上就好。

因此，理论上只要投资品的收益率高于4%，我们就可以买入。但本杰明·格雷厄姆建议投资者选择投资品的时候，要满足两个条件，一是投资品收益要大于无风险收益率；二是盈利收益率要大于10%。因此，我们可以做出这样的改进：只要投资品的盈利收益率大于10%，果断买入；投资品的盈利收益率在4%~10%之间，坚持持有；投资品的盈利收益率小于4%，果断卖出。

4%的盈利收益率对应25倍的市盈率，10%的盈利收益率对应 10 倍的市盈率。因此对于宽基指数来说，只要市盈率在 10~25 倍之间，就可以坚持持有，一旦市盈率小于 10 倍，就可以买入，一旦市盈率高于 25 倍，也就是盈利收益率小于 4%，就需要卖出。

股息率估值法

股息率估值法也称博格公式估值法。该方法由先锋基金创始人约翰·博格提出。博格认为，股市的长期回报主要由三个因素决定，分别是股息率、市盈率的动态变化以及盈利增长。由于股价每天都会波动，因此市盈率是动态变化的，而每年的派息是固定的，只要我们买在股息率高的时候，不管市盈率变高还是变低，仅仅通过股息，我们就能盈利。一般情况下，股息率高的时候，市盈率都不会特别高，因为股息率高意味着股价低，市盈率也会随之变低。

当我们买在股息率高、市盈率低的点位时，我们就获得了一个下有保底、上不封顶的资产。"下有保底"的意思是每年都有固定的股息，而且这个股息不低，至少比银行定期储蓄要高；同时，只要耐心等待价值修复，市盈率回归到正常水平，股价就会一直上涨，也就是"上不封顶"。

一般股息率多高才算是高呢？这里建议大家结合历史水平去看，因为各行各业的派息情况不一样，同时各家公司的派息情况也千差万别，对照历史水平是最客观的判断方法。对照历史的股息率，就能看出来当前的股息率是高还是低。

另外应注意的是：股息率估值法的侧重点是现金分红和市盈率，因此都需要企业有确定收入。对于某些周期行业来说，比如有色金属等行业，在整体不景气时期企业的业绩会出现亏损，这时候博格理论就会失效。大家在选择估值指标和指数基金的时候，一定要明确自己选择的基金是宽基指数基金还是行业指数基金，是强周期行业还是弱周期行业。如果把正确的估值公式用在了错误的基金类别上，投资会造成不可挽回的亏损。

五、价值平均策略

接下来给大家再介绍一个定投的进阶版策略——价值平均策略。

什么是价值平均策略

价值平均策略源自迈克尔·E. 埃德尔森的著作《价值

平均策略——获得高投资收益的安全简便方法》。价值平均策略与第四章讲到的定投策略有点类似，但是在收益率上，价值平均策略在长期投资的过程中会更高。

价值平均策略，就是要求每次定投时通过增减投资金额，使得投资后的价值线性增加。也就是说，基金上涨的时候少买，下跌的时候多买，以维持基金的价值稳定增长。

普通定投与价值平均策略对比

普通投资者的定投策略：忽略市场的波动，依照"便宜的时候买多点，贵的时候买少点"的策略，每个月拿出固定的金额投资到某一个指数基金中，持续地买。在基本的定投策略里，我们没有制定卖出策略，一旦遇到市场整体下跌的情况，我们的收益率也会大幅度下降。依旧以易方达沪深 300ETF 联接 A 的普通定投案例为例来讲解，如表 7-3 所示，此处我们只计算与资金份额对应的市值，忽略不计其他相关费用。连续购买 24 期，即 24 个月后，总收益率为 34.39%。

表7-3　普通定投案例

| 易方达沪深300ETF联接A | | 普通定投 | | | |
月份	份额单价（元）	总市值（元）	持有的份额	应购买份额数	投资额（元）
20××年01月	1.11	1000.00	900.90	900.90	1000.00
20××年02月	1.26	2135.13	1694.55	793.65	1000.00
20××年03月	1.32	3236.81	2452.13	757.58	1000.00
20××年04月	1.34	4285.86	3198.40	746.27	1000.00
20××年05月	1.25	4998.00	3998.40	800.00	1000.00
20××年06月	1.32	6277.89	4755.98	757.58	1000.00
20××年07月	1.33	7325.45	5507.86	751.88	1000.00
20××年08月	1.33	8325.45	6259.74	751.88	1000.00
20××年09月	1.33	9325.45	7011.62	751.88	1000.00
20××年10月	1.36	10535.80	7746.91	735.29	1000.00
20××年11月	1.34	11380.86	8493.18	746.27	1000.00
20××年12月	1.42	13060.32	9197.41	704.23	1000.00
20××年01月	1.40	13876.38	9911.70	714.29	1000.00
20××年02月	1.38	14678.15	10636.34	724.64	1000.00
20××年03月	1.29	14720.87	11411.53	775.19	1000.00
20××年04月	1.37	16633.80	12141.46	729.93	1000.00
20××年05月	1.36	17512.38	12876.75	735.29	1000.00
20××年06月	1.47	19928.82	13557.02	680.27	1000.00
20××年07月	1.66	23504.65	14159.43	602.41	1000.00

续表

易方达沪深300ETF联接A		普通定投			
月份	份额单价（元）	总市值（元）	持有的份额	应购买份额数	投资额（元）
20×× 年08月	1.71	25212.63	14744.23	584.80	1000.00
20×× 年09月	1.63	25033.10	15357.73	613.50	1000.00
20×× 年10月	1.67	26647.41	15956.53	598.80	1000.00
20×× 年11月	1.76	29083.49	16524.71	568.18	1000.00
20×× 年12月	1.85	31570.71	17065.25	540.54	1000.00
20×× 年01月	1.89	最终价值（元）			32253.32
		总成本（元）			24000.00
		平均成本（元）			1.41

而在价值平均策略中，我们同样也是持续不断地买，但买入的金额需要做出改变，其目标是让投资者持有的基金能每个月按某固定金额增长。比如第一个月的基金价值为1000元，第二个月的基金价值为2000元，第三个月的基金价值为3000元，如此类推，一直到计划停止。同时，在购买的过程中，忽略基金净值的高低，只关注最后的基金价值，也就是说，不管第二个月的基金是贵了还是便宜了，只要基金的总价值不变就可以。相较于买入的成本，价值平均策略的关注点更侧重于最终的价值。大家可以同时对比表格7-3和表格7-4中所列的两种投资方式。

表 7-4 价值平均策略案例

易方达沪深 300ETF 联接 A		价值平均策略			
月份	份额单价（元）	总市值（元）	持有的份额	应购买份额数	投资额（元）
20××年01月	1.11	1000	900.90	900.90	1000.00
20××年02月	1.26	2000	1587.30	686.40	864.86
20××年03月	1.32	3000	2272.73	685.43	904.77
20××年04月	1.34	4000	2985.07	712.34	954.54
20××年05月	1.25	5000	4000.00	1014.93	1268.67
20××年06月	1.32	6000	4545.45	545.45	719.99
20××年07月	1.33	7000	5263.16	717.71	954.55
20××年08月	1.33	8000	6015.04	751.88	1000.00
20××年09月	1.33	9000	6766.92	751.88	1000.00
20××年10月	1.36	10000	7352.94	586.02	796.98
20××年11月	1.34	11000	8208.96	856.02	1147.07
20××年12月	1.42	12000	8450.70	241.74	343.27
20××年01月	1.40	13000	9285.71	835.01	1169.01
20××年02月	1.38	14000	10144.93	859.22	1185.72
20××年03月	1.29	15000	11627.91	1482.98	1913.04
20××年04月	1.37	16000	11678.83	50.92	69.76
20××年05月	1.36	17000	12500.00	821.17	1116.79
20××年06月	1.47	18000	12244.90	−255.1	−375.00
20××年07月	1.66	19000	11445.78	−799.12	−1326.54

续表

易方达沪深 300ETF 联接 A		价值平均策略			
月份	份额单价（元）	总市值（元）	持有的份额	应购买份额数	投资额（元）
20×× 年 08 月	1.71	20000	11695.91	250.13	427.72
20×× 年 09 月	1.63	21000	12883.44	1187.53	1935.67
20×× 年 10 月	1.67	22000	13173.65	290.21	484.65
20×× 年 11 月	1.76	23000	13068.18	−105.47	−185.63
20×× 年 12 月	1.85	24000	12972.97	−95.21	−176.14
20×× 年 01 月	1.89	最终价值（元）			24518.91
		总成本（元）			17193.75
		平均成本（元）			1.33

表 7-4 引用的就是价值平均策略的例子，选择的指数基金与表 7-3 相同，均为易方达沪深 300ETF 联接 A。在该案例中，价值平均策略遵循每个月投资组合价值增长 1000 元的规则，从 20×× 年 1 月开始买入，一直持续两年，共 24 期。

在刚开始投资前，由于 20×× 年 1 月没有基金份额，即购买的第一期，当时份额净值为 1.11 元，因此买入 900.90 份，以达到基金总市值为 1000 元的目标。到了 20×× 年 2 月，即第二期购买时间在遵循价值平均策略规则的情况下，需要使基金的总市值到达2000元，因此根据当时的份额净值1.26，需要买入686.40份，一共持有1587.30份，也就是需要投入864.86元，依此类推（此处皆为忽略相关操作杂费的计算）。

当时间来到第五个购买期，我们可以看到，由于基金净值下跌，导致投资者的投资额需要高于1000元，在其他个别月份也是如此。相反，当基金净值上涨时，投资者的投资额则低于1000元，比如在20××年12月（第12个购买期），投资者只需要投资343.27元即可达到当月目标。

把两个表格结合在一起进行对比研究后发现，无论是普通定投，还是依据价值平均策略执行买入卖出，二者的区别不是很大。但我们还是可以从表7-4所示的价值平均策略中发现，投资者分别在第18、19、23、24个购买期卖出了部分基金份额，以达到基金每月市值增长1000元的设定。由此可以发现，若执行价值平均策略，如果基金的价格一直上涨，我们就可以一直止盈，及时锁住利润，若基金的价格发生下跌，我们也可以按照基金的价格加大投资。

在这两年（24期）的投资过程中，无论是采用普通定投还是价值平均策略，收益率都超过了30%（表中未列，请读者自行计算），属于收益很可观的投资品，作为普通投资者，能有这样的收益率，已很成功。

六、做好交易计划与复盘

普通投资者在进行每一笔投资时都要做到心里有数，最好能够记录下来，将每一笔交易都写进交易日记，并定期做一次整体复盘，这将对投资有非常大的帮助。

交易表格

我们可以制作适合自己的交易表格，来记录日常投资交易。在交易表格里，可以写上交易的品种、交易价格、份额、交易时间、市盈率、盈利收益率以及市净率，这几个指标非常重要，同时还可以在备注里写上这笔投资是用作什么支出的备用金，如表 7-5 所示。

表 7-5　交易表格实例

交易品种	交易价格（元）	份额	总价值（元）	交易时间（年月）	市盈率	盈利收益率（%）	市净率	备注
例：易方达沪深300ETF联接 A	2	1000	2000	20××03	10	10	3	子女教育

交易日记

基金的交易日记比股票的交易日记简单，只需记录交易的时间，以及买入卖出的依据。

以表7-5所列内容为例：20××年3月买入易方达沪深300ETF联接A指数基金，目前该指数基金的市盈率为10，盈利收益率为10%，当下无风险收益率为3.28%，盈利收益率约为无风险收益率的三倍，当盈利收益率小于无风险收益率的时候，应及时做出卖出决策。

七、卖出时机

本节将与读者讨论基金的卖出时机。哪怕再精确的计算，大多数投资者也无法买在市值的最低点，卖在市值的最高点，所以没有严格意义上的准确卖出时机，但可以有相对高位的卖出区间，和相对低位的较佳买入区间。

有更好的投资品

如果我们在买基金的时候，发现其他投资品的收益率更高，就应该把基金卖掉，换为其他投资品。

巴菲特曾经说过，优秀的股票永远没有卖点。意思是优质的投资品，永远没有必要卖出，因为收益会一直相对较高（包含企业市值增长带动的股价和每年的企业股票分红）。但华尔街还有一句名言：资本永不眠。优质投资品被资本发现后，逐利的本性会导致资本不断购入投资品，抬高优质投资品的价格，从而把投资品的收益率降低，直到把收益率逼近无风险收益率，有时甚至收益率比无风险收益率还要低。

举一个简单的例子，读者就能更明白。你是一名商人，机缘巧合之下发现 A 城的橘子很便宜，B 城的橘子很贵，于是你第一年在 A 城花了 5 万元买下了一块适合种橘子的地，等结出果实后把橘子卖去 B 城，你赚了 1 万元（收益率 =1/5×100%=20%）。第二年，你想多买几块这样的地，但去询问后才发现，现在适合种橘子的地要 25 万元一块，你算了一下如果把产出的橘子拿去卖，也只是盈利 1 万元（收益率 =1/25×100%=4%），而当地银行的无风险理财产品的收益率刚好也是 4%，于是你索性把你手里的那块地也卖掉，然后把钱拿去银行买了理财产品。当然还有另外一种极端情况：现在适合种橘子的地价值为 50 万元，这样一算投资一块地种橘子的收益率变成了 2%（收益率 =1/50×100%），这时你就可以直接将地卖掉，然后把 50 万元存入银行，因为银行的无风险理财获

得的钱是现在卖橘子获得的钱的两倍。例子中三种情况
的成本和收益率如表7-6所示，可更直观地比较资产收
益率的高低。

表 7-6　三种情况的成本和收益率

	第一年	第二年	极端情况	当地无风险利率
橘子地价（万元）	5	25	50	/
收益（万元）	1	1	1	/
收益率（%）	20	4	2	4
估值情况	低估	合理	高估	对标投资品

　　投资的过程就是资产收益率的比较过程，从表7-6中
可以看到，第一年买地的收益率最高，高达20%，这一年
的地价处于低估状态。时间一长，越来越多的人发现在A
城买地种橘子收益率很高，于是第二年大家纷纷开始买地
种橘子，地价由此就被慢慢炒起来，这一年的地价处于正
常估值，收益率等于当地无风险银行理财产品的利率。慢
慢地，整个A城都知道橘子地的地价涨起来了，但很多人
并不知道原因，有些人认为是当地政策推动农业发展，有
些人认为是近年电商直播带货产生的效应，还有些人认为
是城里人更喜欢农村的土特产。原因虽然各种各样，但带
来结果是一样的，就是大家纷纷买地，于是地价被进一步

推高，其收益率进一步下降。

我们在进行投资的时候，应该学会挑选那些收益率高的投资品，避免挑选收益率低的投资品，如果发现有另外一个投资品收益率比你手中持有的高，正确的做法就是卖掉手中持有的然后换成收益率更高的，就像本小节例子中卖掉的橘子地，和购买的无风险银行理财产品。

进入高估位置

如果自己投资的指数基金进入了高估位置，那么就可以开始按计划卖出了。常见的卖出方式有两种：一次性卖出；分批卖出。

一次性卖出：在买入之前设定好卖出规则，遵守好交易纪律，到达利润目标之后，点击卖出的"确定"键即可。具体的估值方法可以根据市盈率的高低去选择，也可以把盈利收益率和无风险收益率对标。

一次性卖出的优点是不管后市是涨是跌，能及时锁住利润；缺点也非常明显，如果后市继续上涨，很容易错失一部分利润。

股市是情绪的放大器。当我们投资的指数基金进入高估位置时，指数基金的价格一般都不会马上掉头向下，正如在价格便宜的时候指数基金的价格不会马上掉头向上一样，甚至还会延续之前的轨迹。

认识到一次性卖出的优缺点之后，我们一起看看进阶版的卖出方式——分批卖出。在制订分批卖出计划的过程中，我们可以简单地设置两到三档的区间：比如止盈率到了25倍卖出一半，到了30倍卖出剩下的一半；又或者，盈利收益率是无风险利率一半的时候，卖出三分之一，盈利收益率是无风险利率四分之一的时候，卖出三分之一，盈利收益率是无风险利率的八分之一的时候，卖出剩下的指数基金份额。

分批卖出不同于一次性卖出，在锁住部分利润的同时，哪怕后市市值继续上涨，也能从中再获得利润。

对于所有指数基金的投资者来说，指数基金投资最大的难度并不在于卖出，也不在于如何估值，最难之处在于坚持。前期源源不断地定投把本金做厚，才能待市值上涨后获取更多收益。所以我们其实没有必要花太多的时间和精力研究卖出的策略，也不用花太多时间研究估值，每个月在网上稍微查阅一下市值情况就足够了。基金的投资者应把更多的时间和精力放在本职工作上，这里不是和读者开玩笑，而是认真地给读者建议，因为只有收入提高了，整体本金才能提高，本金提高，收益才会提高。

需要用钱

其实，理论上这种情况不应该出现，因为我们所有用来投资的钱，都应该是短时间内不会用上的收入。这个短时间视每个人的情况而定，建议短则 3 年，长则 5 年。对于一个经济周期来说，3 年的时间比较完整，这种情况是建立在投资者买在估值中枢的位置，也就是估值不贵也不便宜的时候。一旦投资者买在估值高位，俗称"买套"时，投资的时间周期就需要拉长到 5 年。对于任何一名投资者来说，买在远离估值中枢的低位是最舒服的，在这个位置投资者不但可以安心持有，同时还能获得市场修复估值后的红利。

如果投资者真的买在了某只基金市值的最高点，而此时又非要用到这笔钱，且无法找到其他解决办法的时候，那么我建议是需要多少卖多少，这时候就忽略亏损吧，哪怕已经亏了一半。其实，随着低利率时代的到来，我们的钱一定会越来越贬值，当人们懂得这个道理之后，这些钱一定会流进投资领域。

正如《孙子兵法》里所说：胜兵先胜而后求战。点击"买入""卖出"按钮虽然只是一个简单动作，但其背后却是投资者对每一个投资品的估值分析，即低估买入，高估卖出。

八、小结

本章主要向大家介绍了进阶版的定投策略。这些策略是已经被市场验证了的正确的定投方式，只要投资者认真执行，就能获得理想的收益。

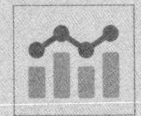

▶ 第八章

制订定投计划

在投资过程中，资金的规划比具体标的的选择更为重要。无论投资哪类投资品，只要能持之以恒、坚定执行，就能获得相对满意的收益。相对于机构来说，小资金量、没有业绩排名压力、资金安排灵活是个人投资者的优势，我们普通投资者要利用好手中的优势，扬长避短。

有些人认为：投资这项行为，是有钱以后才能做的事。我希望大家能尽早摒弃这个观念，因为钱不会突然掉进你的钱包，也不会被大风刮到地上等你去捡；具备"投资要趁早""无论何时开始投资都不算晚"这样的观念并坚定、持久地执行自己的投资计划，才能早日实现自己的财务目标。本章主要介绍投资收益率的计算方法，以及如何制订属于个人的长期定投计划。

一、计算投资收益率

收益是投资的结果，而投资都是以结果为导向。我们进行一笔投资，无论是一次性投入还是长期定投，都应该清楚其收益率的高低，同时还要知道如何通过目标收益和年化收益率，反推自己单期投入的本金。本小节将借助公式，由浅入深地告诉读者如何计算投资年化收益率。

一次性投入的总收益

本书主要讲的是定投,一个定投周期是由无数个单次投入组成的。但一次性投入的收益率是计算单次投入总收益最简单的方法。虽然公式简单,但是投资者也应多花一点时间理解。投资者在某个时间段里投入了 C 元,收益率为 r,最终他得到的本息和为 V_1:

$$V_1=C \times (1+r) \qquad (8-1)$$

举例说明:小明在今年 1 月投入 C=1000 元到某投资品里,投资时长为 1 年,年化收益率为 r=10%,那么至明年 1 月投资品的价值为:V=1000×(1+0.1)=1100(元)。值得注意的是,投资年限与收益率的时间期限要一致,直接用 10% 的年化收益率计算某一个单月的收益毫无意义。

现在,小明需要把这笔本金和收益重新投进某投资品里,年化收益率依旧为 r=10%,如果要计算复利,那么在第二年的时间段里,本金和收益的利息都要一起计算,所以第二个时间段末的本息和为:

$$V_2=V_1 \times (1+r)=C \times (1+r) \times (1+r)=C \times (1+r)^2$$

$$(8-2)$$

所以截至第三年 1 月,小明投资品的价值为:V=1100×(1+0.1)=1210(元)。因此,一个时间段 t 里的复利计算公式为（C 为本金，r 为收益率）：

$$V_t = C \times (1+r)^t \qquad (8-3)$$

根据以上的公式和收益率，我们可以计算出为实现某一个理财目标，现阶段需要一次性投入的本金。比如，我想要在 40 年后拥有 500 万元的退休金，如果现在每年能够获得 10% 的收益率，那么现在我应该投入多少钱呢？直接代入式（8-3）中，可得：$5000000 = C \times (1+0.1)^{40}$。通过科学计数器，取整可以得出 $C = 110475$，也就是说，只要我现在投入 110475 元，每年的年化收益率维持在 10%，在 40 年后我就能获得 500 万元的本息收益和。

定投年化收益率

在分析完一次性投入的本金之后，接下来我们看看定投的年化收益情况。还是回到前面的例子：刚参加工作的我没有财富积累，所以现在拿不出 11 万元（110475 元）的资金，只能一点点投入，那么在接下来的 40 年里，在每年年化收益率为 10% 的情况下，每一年的年末我需要投入多少本金，40 年之后我才能拥有 500 万元的退休金呢？现在用 C 表示我年末投入的金额，t 为时间，r 为年化收益率，V_t 为最终价值，得到公式（8-4）：

$$V_t = C \times [(1+r)^t - 1]/r \qquad (8-4)$$

将 各 数 值 直 接 代 入 式 (8-4)，可 得：5000000=C×[$(1+0.1)^{40}-1$]/0.1，最后取整得出 C=11297（元）。换句话说，在接下来的 40 年里，我只需要在每年年底拿出 11297 元，在保证年化收益率为 10% 的情况下，40 年之后我就能达到 500 万元退休金的目标。

以上提到的是在年末投入的情况，如果我们在年初进行投资，就需要对公式进行一些调整。因为年初的投资经过一年之后会有多一年的利息，所以利息需要额外计算多一年的，因此公式为：

$$V_t=C×[(1+r)^t-1]×(1+r)/r \qquad (8-5)$$

取整后得到的结果为：C=10270，也就是说，只要在每年年初投入 10270 元，坚持投入 40 年，同时保证年化收益率为 10% 的情况下，40 年后我就能获得本息收益共计为 500 万元的退休金。

值得注意的是，这里的年初和年末不是日历里面的 1 月 1 日和 12 月 31 日，而是投资周期里的期初和期末。

二、项目定投计划

在知道如何计算初期投入本金之后，我们就可以规划我们的项目定投计划了。所谓项目定投计划，是指为短时间内支出较大的项目筹备资金，比如出国读书、出国旅游甚至环游世界等大额消费。在项目开始前做好定投计划准备和支出预算，会使项目开始得更加从容。

读书计划、旅行计划

如果有充裕的资金，我们就可以主动选择去哪里玩、玩什么以及怎么玩；或者为了充实自己而花钱报班学习甚至出国留学。那么怎么制订我们的项目定投计划让资金变得更充足呢？

举个例子：今年我刚毕业，5年后想出国旅行一次，计划游玩10天，旅行过程中每天的预算约为1500元，加上来回机票10000元，总预算在25000元左右。根据前面提供的公式，假设我买的投资产品每年的收益率为8%，则可以计算出如果从年末开始定投，每年定投的金额是多少元。

这个例子里有一个问题值得大家思考：为什么要5年后？3年后不行吗？1年后不行吗？

首先，5年只是一个大概数，一般来说，5年对于一家企业或者一个经济体来说是比较完整的周期。实际上，买入时间越长，基金的盈利概率越大，股市的涨跌长期看是以企业的业绩作为评判标准的，短期看的只是股民情绪的博弈。

其次，若定投时长太短，发生亏损的概率会比较高，本来，这笔钱的定投初心是要让自己开心的，心心念念算好日期、规划好行程，结果临出发之际发现还亏了钱，这还让人怎么去？

本小节提到所有定投计划的目的，并不限于大学期间的旅行基金或者大学毕业后的留学费用，还可以包括我们平时考证，或者是自己梦寐以求的美妆教程班甚至是环游世界等。大家要学会举一反三，根据这个思路自由制订属于自己的基金定投计划，并且坚定地执行。

子女的成长基金

不知道大家有没有算过一笔账：孩子从出生到成年需要的花费到底有多少？随着科技的进步、生活水平的提升，现在养育小朋友的重点已经从物质生活品质转向了精神文化品质，当然，物质生活品质也丝毫没有下降。现在的小朋友，课外活动多姿多彩，德智体美劳都能得到全面发展，社会对未成年人的呵护已经从"吃饱"到"吃好"再到现在的"生活好"，这是人类生活品质全面提高的有力体现。提前做好子女的成长预算规划，可以在给子女报兴趣班或者选择户外活动时有更多主动权。所以，建议父母们要为子女的成长制订基金定投计划。接下来具体问题来了：在关于子女的定投计划中，每期投入多少？一共投入多少期？期望的收益是多少才合适呢？

这些问题的确没有标准答案，要具体情况具体分析，每位家长的目标和对孩子的期望也不一样。但既然是要解决子女的成长费用问题，这个投资就一定要是正收益的，不能说投资了十年，到最后要用的时候发现还亏了钱。而每个月用于定投的金额，应该按照预算和期数进行反推计算得来；同时，还可以以第一期的投入为基准，每年按照3%~5% 的增长增加本金，比如第一个月是 1515 元，那么第 13 个月就在 1560~1590 元之间。

一般来说，子女的成长基金能用的地方很多。在制订计划之前，一定要想清楚这笔钱会用在什么地方以及多久之后开始动用这笔钱，越详细越具体越好。具体还可以落实到表格上，如表 8-1 所示。

表 8-1　制订子女的成长基金定投计划

用途	预算	预期年化收益率	期数	每期投入金额
成长基金的用途	搜集资料，评估预算	不宜设置太高	根据基金使用年龄倒推期数	根据公式计算
例：大学毕业后出国留学	50 万元	8%	264 期 [22 岁需要用到这笔钱，22（年）×12（月）]	×××元

如果你现在还没有要小孩子的打算，可以先将家庭总收入的 2%~5% 定投起来。在确保不影响自己及家人日常生活的情况下，给孩子准备一笔成长基金。

讲完了每期投入和投入期数，最后我们来讲一下期望收益率。正如本书前面一直强调的，长期来看股市的收益率不会特别高，所以期望收益率应该放在 6%~8% 之间；同时，在 20 年的周期里，保守估计会遇到 2 个牛熊市转换的大周期，牛市的时候高位卖出，熊市的时候低位再重新定投，这样能取得额外年化 2%~4% 的收益。所以，如果股市走势稳定，没有牛市、熊市的加持，那么期望收益率应该在 6%~8%。如果有牛市、熊市的加持，逐渐在牛市减仓至最后清仓，那么期望收益率可以在 8%~12%。举例，如果以每月为 1 期，每期投入 1 块钱，总本金 240 元，20年后的收益如表 8-2 所示（此处以天津滨海农商银行在线基金定投计算器计算，后同）。

表 8-2　定投每期 1 元，20 年后的收益

收益率	6%	7%	8%	9%	10%	11%	12%
收益	224.35	283.97	352.95	432.90	525.70	633.57	759.15
本金收益和	464.35	523.97	592.95	672.90	765.70	873.57	999.15

不管是给子女准备成长基金，还是给自己准备退休金，投资越早开始越好，越早计划越好。

闲钱投资

除了前面两小节中提到的特定项目计划外，还有一种情况，就是有需要有效管理的闲钱。如果目前你已经有了一笔闲钱在银行或者余额宝里"躺"着，并且在 5 年内你不会用到这笔钱，就可以把这笔钱按照 3 年或者 5 年的周期分成 36 份或者 60 份，每个月拿出 1 份用来定投，一直把钱定投完。在定投的过程中，观察好基金的估值位置，如果基金在低估位置，坚定买入，如果基金在正常位置，可以暂停定投，等基金下跌再继续投入，如果基金在高估位置，也可以考虑卖出。

如果现在还没有足够的积蓄，也不用着急，可以先把计划拆解为两个目标。先计算一下自己日常生活的月开支，比如一个月生活所需为 4000 元，第一个目标是先存下 6 倍月开支的钱，也就是 24000 元。这 24000 元不用于投资，且将资金的流动性放在第一位。这样，可以确保一旦发生失业、无收入等情况，不会让生活出现巨大变动，给自己 6 个月的时间做缓冲。在第一个目标达成之后，第二个目标就是把日常生活开支的剩余部分投入到基金定投里。

闲钱投资是贯穿一辈子的事。这个投资的周期与前文提及的项目计划的周期有本质区别，所以卖出的位置需要自行判断。一般有 3 种卖出的情况：①定投的基金处在高估位置；②有更值得投资的投资品；③需要马上用到钱。如果不符合上述这 3 种情况，坚定持有是最好的选择。

闲钱投资有以下 3 个注意事项。①在进行闲钱投资之前，一定要先给自己存一笔短周期可使用的钱，比如 6 个月，这笔钱的流动性最为重要，放在银行或者余额宝里即可。②既然是闲钱，意味着短期内不会用到这笔钱，所以闲钱投资的周期最好是在 5 年以上，周期越长越好。③坚定定投的信念。在投资的过程中会听到来自四面八方的资讯，这些资讯可能会影响你的决策和投资信心，甚至会动摇你的定投决心。一旦遇到这种情况，可回望市场中曾经辉煌的牛市和低迷的熊市，再去想想用这笔闲钱去过往的牛、熊市走一遭可获得的回报，情绪就自然会平静下来。

三、制订退休金定投计划

除了日常大额开支外，我们还需要为自己将来的退休生活制订退休金定投计划。而且这个计划越早筹备越好，越早开始执行越好，这样才能尽可能地长时间享受复利带来的红利。本小节将主要讲如何制订适合自己的退休金定投计划。

美国 401k 退休计划

401k 计划是美国一项于 1979 年得到法律认可的社会保障计划，是一个退休计划，401k 计划有点类似我国的社保，由雇主和雇员一起按照某一比例往 401k 计划账户里存入金钱，存入的这一部分钱不扣税。雇员可以根据自己的风险偏好来选择金融产品，包括股票、基金、年金保险、债券甚至定期存款，一般大公司都会给自己雇员的 401k 计划购买本公司的股票。等到 60 岁退休的时候，可以自主选择一次性取出、分期取出甚至转为银行存款等，自由度非常高。总之，"401k" 就是一个专门为雇员将来退休准备的账户，雇员自己平时也可以往里面存钱，但必须要到 60 岁才能取出来；如果想在 60 岁之前取出，需要支付 10% 的罚款或者税收。

401k 计划最大的意义是让普通人能享受到美国经济发展的红利，因为需要在 60 岁以后才能取出，所以变相强制大家长期持有。

规划一个属于自己的退休金定投计划

我国虽然没有 401k 计划，但我们有社保养老金。日常生活中提到的社保，全称是社会保险基金；而在投资活动中经常听到的"社保基金入市"中的"社保基金"，全称是全国社会保障基金，两者的设立目的不一样。前者是保障大家在年老、疾病、工伤、失业和生育等情况下获得物质帮助；后者是在养老金不足的时候起到补充作用。现在，全国社会保障基金已经被用于投资各类金融产品，全国社会保障基金的年度报告文件每年都会公示年化收益率，大家可以在网上自行查询。近几年，社会保险基金也开始陆续投资金融产品，相信以后参与各类投资的资金来源会越来越多。

虽然我们有社保账户，但每个月存入的金额不会太多，如若遭遇失业，就有可能导致断供。所以，在定期缴纳社保的同时，额外规划和建立一个属于自己的退休金定投计划，将大大提升我们在退休时保障自己生活的能力。另外，随着社会生活环境和医疗条件的越来越好，我们的生存年龄也会越来越大，退休金定投计划的投资年限可以适当放宽到 30~40 年，也就是一直定投到 70 岁左右。我们可以设立一个占月薪 10% 左右的月定投计划，投资周期根据自己的年龄决定，如果现在你是 20 岁，那么投资年限可以是 50 年，如果你现在是 40 岁，那么投资年限可定为 30 年；而投资收益率可以设置在 6% 左右，长期看，这个收益率带来的回报会非常可观。表 8-3，是每期投入 1 元钱在不同的收益率和不同的投资年限下的收益情况，大家可以根据月定投的金额乘以表中的数字对自己的收益进行估算。

表 8-3　不同年化收益率在不同投资年限的定投收益

投资年限（年）	收益 / 本金收益和	年化收益率为 4%	年化收益率为 6%	年化收益率为 8%	年化收益率为 10%
30	收益（元）	336.36	649.54	1140.30	1919.33
	本金收益和（元）	696.36	1009.54	1500.30	2279.33
40	收益（元）	705.90	1521.45	3034.28	5896.78
	本金收益和（元）	1185.90	2001.45	3514.28	6376.78
50	收益（元）	1315.72	3206.13	7384.61	16868.76
	本金收益和（元）	1915.72	3806.13	7984.61	17468.76

从表 8-3 中可以明确看到，在同样的年化收益率下，投资年限越长，投资的收益越高，这也是为什么我们说投资越早开始越好。财富的积累依靠的就是长期的坚持与实践。知行合一才是世界上最难的事情，长期投资是给自己带来确定性利润的最佳途径。

有多少本金才能退休？

自己想要的理想生活是什么样的，每个人的标准都不同。有人认为一日三餐，吃饱喝饱足矣；有人认为环游世界，背靠大海，春暖花开；有人认为住在山里也不错，钓鱼种花，享受田园生活。所以在问自己有多少本金才能退休之前，先问问自己的理想生活是什么样的。只有知道自己想要什么样的生活，才能为之付出努力并奋斗。

我们可以简单计算下自己退休之后每年所需要的生活费用，这个生活费需要把所有的开支都计算在内。在计算出来之后，除以无风险收益率，就能计算出退休需要的本金。

举个简单的例子：小明一年的所有花费需要 20 万元，假设目前无风险收益率为 3%，那么小明退休需要的金额就为：20 万 ÷3%=667 万元。也就是说，只要小明拥有 667 万元的本金，每年产生的利息就有 20 万元，同时 667 万元的本金依旧不变。

这个问题其实可以延伸一下：需要有多少钱才能实现与你现在生活条件相符的财务自由？大家可以尝试计算一下，只要算出每年的支出，就可以计算出总本金，同时用定投的方式，就能计算出达到这个本金所需花费的时间。

四、资产占比

资产占比是资产配置中比较重要的一项内容。

家庭中各类资产的配置占比

给大家推荐一个家庭资产配置表，这是标普公司（即，标准·普尔公司）长期追踪全球范围内资产稳健增值的多个家庭得出来的结果。该家庭资产配置表中一共列有四个类别的资产，分别是日常开支、意外保障、收益优先和保本养老。表8-4所示，即为关于这四个类别资产的描述和配比。

表8-4 家庭中四类资产配比

	用途	总资产占比（%）
日常开支	3~6个月生活开支	10
意外保障	意外用到的钱或保险	20
收益优先	金融产品投资	30
保本养老	退休金、养老金	40

这四个类别资产从上到下的占比依次增大。考虑到资产所有人年龄的因素：年轻时，对于收益优先的金融产品投资，可以稍微增大投资额度；而到了年纪较大时，对于保本养老的金融产品投资的占比则可以适当增加，实现与年龄的动态平衡。结合不同的现有资产、收入结构以及投资风格，每个人可以自行设计个性化的资产配置占比。

留下一笔会意外用到的钱

人永远无法知道意外和明天哪一个会先来。既然是会意外用到的钱，我们是无法预料用在哪个方面的。正如前文提到的家庭资产配置表，家庭中的意外保障占比一般是在总资产的 20% 左右，读者们可以挑选一些适合自己的保险产品。现在的保险产品琳琅满目，其中的条款也纷繁复杂，在进行保险产品投资配置时，最好先找相关业务人员进行一下了解。

除了保险之外，给自己手头留一笔现金也十分重要。对于刚参加工作的年轻人来说，手上没有积蓄，一旦生活上有突发状况就会变得非常被动，比如裁员、降薪以及生病等。

因此，我建议刚参加工作的年轻人先认真计算自己日常生活中一个月的支出，如表 8-5 所示。再根据月支出算出半年的总支出。通过省吃俭用，尽可能地存下一笔能够维持半年的紧急备用金。

存下能够维持半年的紧急备用金之后，我们还可以继续增加备用金的金额，直至这笔备用金可维持我们 18 个月的生活。有了这笔备用金之后，一旦有突发情况，就不至于手忙脚乱了。在存这笔可维持 18 个月生活备用金的同时，读者就可以开始进行指数基金的投资用于其他生活项目的储备了（注意：紧急备用金的钱一律不能用于投资）。

当你存下 18 个月的备用金之后，我相信你的消费会变得非常节制，生活也将变得非常充实且踏实。这时候就可以开始考虑存一笔可维持 60 个月生活的钱了，同时也可以进行一些投资了。

为了加深大家的理解，我们来看个例子，张三刚参加工作，月薪是 8000 元。假设在 5 年内其薪资不变，每个月所有生活支出是 3500 元，那么张三的紧急备用金就是 3500 元 ×6=21000 元。张三每个月能剩余 4500 元，只需要 5 个月张三就能存够他的紧急备用金。

存下了第一笔紧急备用金之后，张三仍进行更多备用金的存储，即 18 个月备用金的储蓄工作，一共为 42000 元。另外与其同时，张三每个月开始花 1000 元定投在指数基金上，所以实际月工资扣除支出和定投后还余 3500 元，刚好再需一年的时间可存够维持 18 个月（含前期存入的 6 个月紧急备用金）生活的备用金。

接下来，张三开始以 60 个月的生活备用金为储蓄目标，也就是 3500 元 ×60=210000 元，同时张三的指数基金定投已经从 1000 元提升到了 2000 元，此时，张三每个月的余额只剩下了 2500 元，因此张三需要继续存 59 个月，也就是 5 年之后，他会获得一笔可维持 60 个月生活支出的储蓄（表 8-5）。

表 8-5　张三的储蓄计划

	预算	时长
紧急备用金	6 个月的生活支出（21000 元）	5 个月
备用金	18 个月的生活支出（63000 元）	12 个月
备用金	60 个月的生活支出（210000 元）	59 个月

看到这里，有人可能会提出疑问：一共需要 6 年多的时间，才能完成 60 个月生活备用金的积累，真的是太久了！这是因为，我们所举例子里的张三 5 年内薪资都没有发生变化，这在现实生活中出现的概率是极低的。在这 5 年的时间里，只要你的薪资每年增长 10%~20%，5 年就能完成收入的翻倍，积累的时长也能迅速缩减。这件事情难的不是时间的长短，而是有没有开始去做。

五、小结

读完本章，读者应该知道如何计算投资的收益率和如何制订定投计划，同时还应知道如何配置自己的资产占比。对于刚参加工作的朋友来说，现阶段首要目标是提升自己的专业技能，同时存下第一笔可维持日常开支的钱。

轻松入茶

◀ 第九章

投资其实是一件非常简单的事情，永远只需要计算两个数字是否错配即可，一个是收益，另一个是估值。对于指数基金来说，收益可以直接对标无风险收益率，如果当前的收益远低于无风险收益率，那就是指数基金的市值已被高估，如果当前的收益远高于无风险收益率，那就是指数基金的市值仍被低估。听起来很简单吧，而事实上也的确如此，在大部分时间里，市场都是有效的，也就是说市场永远都是在正常的估值范围里波动，专业的术语称之为市场有效性，市场会在低估和高估中来回波动，华尔街称这种波动为"随机漫步"。但也有反常的时候，在极端情况下，市场是无效的，这种时候就是投资者需要鼓起勇气作出决策的时刻，价格只能为投资者所利用，却不能被预测，一旦到了某个点位，就应果断出击。

读到这里的读者朋友们不要着急，投资的经历将伴随我们一生，我们不差某一分某一秒的时间。作为普通投资者，我们刚开始接触基金时，亏损是难免的，也是正常的。一旦开始投资就一定要树立正确的投资观，投资的胜率不需要100%，只要高于50%，根据大数定律，长期持有就能盈利。同时，长期看，指数一定会往上走，只要不是买在牛市最高点，不用很长时间就能回本。如果你还年轻，那你更该庆幸，即使现在出现了一些小的买卖失误也不要紧，因为你的资本一定会越来越多，你的收入也一定会越来越高。

本章将介绍的案例都是我本人或朋友真实经历的，希望读者们可以借鉴、参考，在投资的道路上少些曲折，多些顺遂。

一、德州扑克与投资

德州扑克是一个玩家对玩家的公共牌类游戏，一张台面至少 2 人，最多 22 人，一般以 5~10 人比较常见。德州扑克除去大小王后一共有 52 张牌，每个玩家开局有两张底牌，台面会分三次翻开五张公共牌，想看后面的公共牌，就需要继续跟注。经过所有押注圈后若还不能分出胜负，剩余场上的玩家须亮出底牌，与公共牌相结合最大者为赢家，获得场上所有筹码。这里提到德州扑克不是鼓励大家参与赌博，而是想把德州扑克的玩法类比为投资，加深大家的印象，因为德州扑克的玩法与投资非常像。

在德州扑克里，5 张公共牌和每个玩家的表情是所有玩家已知的对称信息，有些玩家的表情可能是真实的，有些玩家的表情可能是装出来的；德州扑克的收益符合二八定律，即 20% 的牌局赢得 80% 的收益；只要看了牌，想继续跟下去，就需要继续押注。

规则非常简单，但很多德州扑克的大师会说：入门 10 分钟，学会一辈子。在德州扑克里，你永远找不到稳赢的万能公式，因为你遇到的每个玩家都是不一样的。哪怕你一直跟同样的玩家玩，对方的出牌也会随着牌局数量的增加变得更加难以揣测。

这些就如同我们在投资市场里，听到的来自不同渠道的声音，有些是正确的声音，有些是错误的声音，有些是无用的声音，我们需要做的是准确地识别哪些是正确的声音，哪些是错误的声音，而哪些声音又是无用的。如果判断不了这些声音的真伪，那么不去听、不去看也不见得是一件坏事，专心盯着目前投资品的估值，正如盯着你的底牌和五张公共牌组合后的大小一样，如果能确定牌面足够大，就要敢于下重注。投资不需要每一笔投资的胜率都是 100%，更何况是投资指数基金，把时间线拉长，持有时间越长，盈利的概率就越大。

在德州扑克的牌桌上，一切都是概率，你很有可能一个晚上拿到几把 AA（翻牌前最强手牌），但长期观察下来，你会发现你拿到 AA 的概率跟其他人是一样的，幸运之神不会一直眷顾你，因此你需要足够久地待在牌桌上，等待好牌的出现，而不是将筹码（本金）全部亏掉。在投资市场里，你要做得跟玩德州扑克一样，尽可能地待在市场中，很多人因为市场大跌就离开，或者大涨就乱加杠杆，这些都是变形操作，我们不能因为心态问题导致操作变形，最后输掉所有本金。

我们在投资市场上，不用百战百胜，正如在牌桌上，我们不是必须要玩每一手牌或者必须要赢每一手牌，每个人都有弃牌的权利。

随着经验的积累，及时的复盘和总结，我们的胜率一定会越来越高，长期下来就能持续、稳定的盈利。哪怕刚开始我们的雪球非常小，但落满雪花的路面足够长，细小的雪粒也能滚成雪球。

二、新手容易犯的错误

很多投资新手刚了解了一些与股票、基金有关的知识，就开始摩拳擦掌、蠢蠢欲动。所以，我有必要在这里给这些新手们先泼一盆冷水，投资股票和指数基金很简单，但是不容易做到一直盈利。接下来让我们一起看看新手投资者最容易犯的三个小错误。

恨不得马上全部买入

我记得自己在刚开始接触投资的时候，就恨不得把所有积蓄都投到基金里，而我也确实这样做了，因为心里总会有明天就会大涨的感觉，认为涨上去之后再买就亏大了，现在这个价位就是最低点，但是，每次产生这样的感觉并投进大笔钱之后，短期内市场一定会下跌。相信很多人跟我的操作一样，买入之后，基金就开始跌跌不休，每天看着账面亏损心里十分难受。

幸运的是，我没有因为基金一直下跌而清仓，因为我相信以后会涨回去，当时的我非常后悔一下子把钱全投了，我没有想到在基金下跌后，可以用相同的钱买到更多筹码。在投资市场里经过一段时间的磨炼之后，我发现基金并非一直上涨或一直下跌，一股脑地买入也会扰乱之后的财务规划。慢慢地，我学会了给自己制定交易纪律，只要严格遵守交易纪律并执行，就能坦然地面对涨跌。

没有制定交易纪律

作为普通投资者，我们没有预测股市涨跌的能力，哪怕一个指数或者一只基金一直上涨，我们都无法知道下一个交易日、下一个交易周甚至下一个月的涨跌幅，因此，基金的涨跌只能利用，不能预测。

为了防止自己受情绪支配而全部买入或者卖出，投资者应该学会给自己制定交易纪律，一旦制定之后，就要严格执行。初学者切勿在持有的过程中频繁修改自己的交易纪律，这和没有纪律无异。交易纪律就跟战场上的作战计划一样，决策和执行一定要严格分离，不能随时修改，因为大多数情况下临时修改的决定都是错误的。投资者要学会制定适合自己的交易纪律，同时不要被市场、媒体甚至大众的情绪所干扰，能够做到这一步，就能超越市场上绝大多数的普通投资者。

很多时候，你会因为周围的声音，对自己的交易和持仓产生怀疑。因此，我建议大家尽可能地屏蔽网上各类自媒体的言论，只关注数据本身以及自己的交易纪律。

比如，每周定投1000元到沪深300指数基金，或者每月定投2000到中证500指数基金。交易纪律一定要制作成表格（表9-1）并落实到纸面上，并且按照时间节点严格执行，平时设定好闹钟或者手机提醒，时间一到直接买入。当然，现在指数基金的应用软件都有定投功能，而且定投的周期十分灵活，设置起来非常方便，大家也可以按照软件设定规则，填入自己的定投周期。

表 9-1　交易纪律表格

指数基金	投资周期	投资金额	市盈率	市净率

当然，如果遇到某基金价格下跌特别多的时候，也可以适当加大投入；相反，遇到某基金价格上涨幅度大的时候，也可以适当减少投入。总之，投资需要建立属于自己的交易纪律，通过交易纪律打败交易情绪。

涨得越多，买入越多

第三个投资者容易犯的错误，就是市场涨得越多，投资者买入就越多，就是咱老百姓常说的"买涨不买跌"，很多人看到股市一直上涨，恨不得将手边全部现金用来买入，甚至加上杠杆。殊不知这是把风险放大的危险做法，因为一旦下跌，亏损也会被放大。

市场的上涨意味着普通投资者对股价的预期更高，情绪更热烈。但遗憾的是，市场并不会一直无限上涨，投资者的钱总有一天会用完，同时也会有人套现，到这个时候，市场的上涨趋势就会发生变化。

合理的买入方式应该是下跌越多、买入越多，这样才能在基金便宜的情况下买入更多份额。

三、普通投资者的"癫狂"

"别人贪婪我恐惧，别人恐惧我贪婪。"巴菲特的这句话被视为投资的至理名言。

疯狂的投机行为不仅出现在证券市场。只要价格高于商品的内在价值，就会出现泡沫。价格严重偏高时，泡沫会变得更大，一旦泡沫破灭，市场内外就是一地鸡毛，投机者会损失惨重。让我们一起来看看历史上疯狂的投机事件，从时间最远的荷兰郁金香事件，到稍微近一些的美国大萧条，再到十几年前发生的美国次贷危机。这三个事件的时间跨度超过 300 年，但本质都没有改变，都是人性的贪婪使然。

郁金香事件

郁金香事件发生在 17 世纪的荷兰。在当时，郁金香是荷兰花园里广受大家欢迎的花卉，但价格比较昂贵。机缘巧合之下，荷兰的一些郁金香染上了花叶病，这种病不会导致郁金香死亡，相反，会让郁金香的花瓣长出非常鲜艳的条纹，这种条纹色彩对比度极强。就是这种奇特的条纹，让大家对郁金香趋之若鹜，人们认为郁金香的条纹越奇特，其价值越高，价格也就越高。

这场泡沫狂欢，荷兰全国都参与其中。特别是在 1637 年，仅在 1 个月的时间里，郁金香的价格就翻了二十多倍。几乎所有人都坚信郁金香可以让自己更加富有，郁金香涨到了天价。

为什么一株原本并不值钱的郁金香，竟然涨至天价？在当时，几乎每一位荷兰人都参与到这场泡沫狂欢，贵族、市民、农夫甚至男仆女佣等，每个人都幻想着郁金香的价格会一直持续上涨，他们丝毫没有考虑过郁金香的真实价值。

最后，随着有人开始需要变现，郁金香的价格开始下跌，且毫无停止的迹象。就连政府部门也出来高呼郁金香没有下跌的理由，但市场根本不予理会，还是不停地下跌。最后郁金香的价格竟跌至几分钱。参与这场泡沫的人损失惨重，轻者家徒四壁，重者一无所有甚至家破人亡。

大家可以思考一下，近 400 年前的郁金香泡沫，跟今天的比特币是不是有不少相似之处？或者换一个问法，我们一起思考：郁金香和比特币，哪一个的价值更高？

"黑色星期四"

1928—1929 年，几乎所有美国人都玩起了股票，化身为华尔街的"投资者"，大肆在股市里"运筹帷幄"，赚取大量账面利润。从 1928 年 3 月—1929 年 9 月，股市一路疯涨，犹如蛮牛，表 9-2 中罗列了当时部分股票的价格。

表 9-2　部分大型企业股价涨幅

大型上市企业	1928 年 3 月（美元）	1929 年 9 月（美元）	最高涨幅（%）
美国无线电公司	94.5	505	434.4
蒙哥马利沃特公司	132.75	466.5	251.4
通用电气公司	128.75	396.25	207.8
全美现金出纳机公司	50.75	127.5	151.2

大家可以看到，有的企业股票在 18 个月内的涨幅竟然高达 434.4%。在那段疯狂的时间里，大部分企业的股价一天之内的涨幅能有 10%~15%，更有甚者涨幅可高达 20%，面对这样的涨幅，没有人能不心动。理性的人会认为这是市场过分投机的结果，同时也知道这样的涨跌幅无法持续很长时间。当时很多庄家和上市企业的股东都参与其中，但他们的角色不是买家，是卖家。他们一边拿着上市企业的内幕消息，一边随着股市泡沫的加大逐步卖出股票，大量套现。

1929 年 9 月，美国所有指数达到最高点，之后股市开始横盘，接着一路下跌，屡创新低。1929 年 10 月 21 日，是一个星期一，股价的持续下跌让部分加了杠杆的人必须及时追加保证金，以防被强制卖出股票。遗憾的是，大部分投资者要么没钱，要么舍不得继续加钱，于是他们的股票全部被迫卖出，股价进一步下跌，由此进入恶性循环。

1929 年 10 月 24 日，美国迎来了"黑色星期四"，股市下跌得更为猛烈，大多数股票在几小时之内下跌40%，更有甚者下跌 50%，跌幅之大可谓极其壮观，表 9-3 所示即为当时部分股票的跌幅。

表 9-3　部分大型企业股价跌幅

大型企业	1929 年 9 月（美元）	1929 年 11 月（美元）	1932 年最低价（美元）
美国无线电公司	505	28	2.5
蒙哥马利沃特公司	466.5	49.25	3.5
通用电气公司	396.25	168.125	8.5
全美现金出纳机公司	127.5	59	6.25

这次的股市泡沫需要经历 25 年的时间才能修复，可见这次股市泡沫透支了未来 25 年的经济涨幅。在股市崩盘之后，无数投机客流离失所，几十年积攒下来的财富化为乌有，美国也进入了空前的历史灾难——经济大萧条。

大牛市结束后的很长一段时间都是熊市，熊市的特征是大量资金撤离，交易量萎缩。在熊市的前期，可能还会遇到大涨大跌的假牛市。但到了熊市的后期，股市一直横盘，没有额外的资金进入股市，市场不会再大涨大跌，取而代之的是毫无生气，交易量低迷。

美国次贷危机

2008年，美国发生了"次贷危机"，这应是美国有史以来最大的房地产泡沫。房地产行业的崩盘对于股票市场来说意义重大。这是一起次级贷款抵押债券爆雷引起的事件，这一事件直接造成美国股票市场损失了数万亿美元，全球股票市场损失了几十万亿美元。

2001年，华尔街投资银行发行了次级抵押贷款债券。什么是次级抵押贷款？即，放款人向信用程度较差和收入不高的借款人提供贷款；顾名思义，"次级"意味着信用评级相对较低，作为贷款被放出的本金不一定能百分之百收回，风险较大。在评估完各借款人的等级之后，放款人会让这些收入不高、征信较差的借款人打一个欠条，这个"欠条"就是次级抵押贷款。

紧接着，这些投资银行把这些很可能收不回本金的"欠条"出售给一些大型银行，比如高盛、摩根士丹利等，后者再把这些"欠条"打包在一起放到债券里，让大型银行的销售经理再重新将这些债券卖给华尔街的散户。于是就有了一个一般人听不懂的名词——次级抵押贷款债券。在给这些"欠条"换包装的同时，这些债券会被重新评级，评为安全等级较高的级别，这一操作堪比"点石成金"。

当时的美国，只要有人想买房，就能很轻松地从银行申请到一笔贷款，不管该申请人征信好坏和收入高低。如果还不起房贷怎么办？不用担心，可以继续申请次级抵押贷款。当时，一个年收入 14000 美元采摘草莓的墨西哥人，在身无分文的情况下都能轻易买下一套价值 72.4 万美元的房子，有些贷款人的名字甚至是自家宠物猫狗的名字。

后来，这些投资银行还将这些债券衍生出各种各样的形式。把债券再打包，变成债券的债券，因为罗列的债券类目繁多，别说投资者，连大银行的销售经理都不想看。借钱出去有利息，次贷卖给银行有手续费，次贷打包再卖给散户也有佣金，每个步骤都有巨额的利润产生，每一个经手人都能快速积攒财富，何乐而不为？投机者虽然不知道这些债券到底是什么，但看着债券的价格越来越高，恨不得把全部身家都投进去。

2004—2005 年，美国房地产市场如日中天，没有人认为房价会下跌，更别说崩盘，他们认为房价会涨到天际，与之相关的债券价格也会一飞冲天。他们并不知道一旦借款人还不上钱，所有相关债券的价值都会被清零，变得一文不值。而事实上也确实如此，大部分借款人都无力偿还他们的贷款，房子被收回、拍卖，房价和与之相关的债券价格一落千丈。

时间来到 2007 年，次贷的风险终于浮出水面，美国 3 月的房屋销量急速下降，导致美国第二大次级抵押贷款机构新世纪金融公司倒闭。随之而来的事情犹如倒掉的多米诺骨牌，同年 8 月，美国房地产信托公司（American Home Mortgage）申请破产。2008 年 1 月，信贷违约现象加剧，大部分人开始无力偿还债务，次贷危机蔓延至全球，导致全球股市大跌，各国的股市都出现巨额亏损。

但凡知道次级抵押债券里面的详情，投机者都不会轻易持有或买入，因为这种债券就是一堆无法兑现的废纸。可笑的是，连华尔街投资银行的交易员，这些顶尖的高素质金融人才和投机者，以及销售这些债券的业务员和华尔街的交易员，都没有认真读过这些债券里的条款或明细。

四、投资难吗？

投资简单吗？非常简单。普通人只要年满 18 周岁，拿着身份证就能开通证券交易户口。不管有没有对投资品进行过研究和评估，只需要在交易软件里输入代码，点击买入或卖出的按键就能完成交易。

很多人认为投资最难的部分是输入一个六位数代码，实际上我们需要对投资的标的进行估值之后才会做出买入的动作，难的不是输入一组六位数代码，而是选择一个正确的可为你带来收益的六位数代码；与此同时，我们还需要做好投资的规划、定好投资纪律，比如这一笔投资是用作退休生活的开支还是什么；而且还要克服价格上涨下跌带来的情绪波动，比如看到基金净值一直上涨激动地想立即买入等。

很多时候，当我们对一个行业或者一个基金感兴趣的同时，还会发现该基金的净值很高，已不适合投资，这是一件相当郁闷的事，明明看到好的投资品，却因为价格不够便宜而不能买入。哪怕遇到价格很合适的时候，也会担心价格会继续下跌，导致我们不敢下手买进。所以，投资并不容易，并不是所有人都能赚到投资市场里的钱，在投资市场里，七亏二平一盈一点都不奇怪。

在投资时，我们一定要有逆向思维。"反过来想，且总是反过来想。"当身边的朋友都在说某某基金或者某某股票很好的时候，我们要思考为什么好，同时也要思考这位朋友为什么要告诉你，他自己买了吗？

"低估买入，坚定持有，高估卖出"，这是投资的核心法则，短短 12 个字看上去非常简单，但能做到的投资者少之又少，能够在反人性的股海里穿梭的人，值得获得超额回报。

而且，我们还应知道，短期盈利不能说明问题，相对于短期，我们更要关注长期盈利。短期不是几个月或者半年，而是指一两年，长期也不是指一个牛熊市，而是指十年以上。市面上有很多明星基金经理，很多投资者会因为他们短期的业绩亮眼而疯狂地买入他们的基金产品，这是很不理智的行为，因此很有可能在下一个阶段，这些人就不会再出现在基金收益的热门排行榜上了。

五、千金真的难买心头好吗？

"千金难买心头好。"有些人遇到自己心仪的商品，在商品价格非常昂贵的时候就会说这句话为自己找一个购买理由，有部分商家还会用这句话做商品宣传语。但稍微认真想一想，就会发现这句话只是满足自己购买欲望的一个借口。

20世纪60年代，美国斯坦福大学曾经在一所幼儿园做过一个实验。研究人员找来了几百名小朋友，将每名小朋友单独安排在一间配有桌子和椅子的房间里，并在桌子上放置了他们最喜欢吃的糖果。研究人员告诉孩子们有两个选择，要么现在吃掉糖果；要么等他们回来的时候再吃就能获得额外一个糖果。实验表明，大概只有三分之一的小朋友会一直等待研究人员回来兑现奖励，其余的三分之二的小朋友都先吃掉了糖果。

到此实验还没有结束，研究人员在之后的几十年里，一直对这些小朋友进行跟踪观察。他们惊讶地发现，克制自己没有吃糖的那批小朋友，他们的学习成绩更好，在工作中也更容易获得成功。

当然，这不是说当下不重要，也不是说让大家别享受生活，但应该像某个健身 App 的宣传语说的那样"自律使我更自由"，定投也一样，"自律会使你的财富更自由"。如果担心自己坚持不下去，那就从最容易的做起，先给自己设定一个小目标，到达这个目标时，就奖励自己一个想要很久的小礼物。先把定投变成一个习惯，再尝试投入更多。

只要给自己设定一些规则并努力遵守，用理性打败感性，就能更好地实现人生目标。这里给大家一个理财的小建议：不要绑定花未来钱的任何支付方式，比如信用卡等，同时，在发工资之后，先把定投的金额扣除，剩下的钱再拿来使用。第一个月执行起来可能会有些难受，因为这完全改变了你的支付习惯。但只要坚持到第二个月，一切就都会好起来。

六、财富是思考的衍生品

在投资的过程中，每一次决策都是我们经过思考之后做出的动作。因此，投资所得的盈利一定是经过思考的。网络上的一句话非常有道理：一个人取得的所有财富，是他对这个世界的认知变现；同样，一个人亏掉的钱，是他对这个世界的认知缺陷。两者并不矛盾，一个人凭借运气赚到的钱，最后也会凭借实力亏出去。

查理·芒格曾经说过一句话，大意是：如果你想获得某样东西，那就让自己配得上它。不要把股市当成赌场，哪怕只赌赢了一次，最后也会通过实力输回去。如果误把运气当成自己的实力，那么最后可能会输得很惨。接下来我们分享一个在股市中把自己全部身家亏没了的故事。

2014年年底，我的一个远房表哥大学毕业后，凭借自己的努力考进了一家很好的工作单位，并且跟他的大学同学顺利结婚。同时，在家人的帮助下，他在工作所在地轻松购买了一套房和一辆车。大家对他的生活都非常羡慕，毕竟工作顺利，家庭生活幸福。

有印象的朋友应该记得，2015年是大牛市，没错，我表哥在2014年年底入市，仅仅半年的时间，他赚到的钱就相当于他工作多年的工资总和。这时候他认为既然自己能赚钱，那就应该赶紧赚一票大的，然后就可以退休享受生活了。于是他说服家里给了他50万元的现金，同时开了融资融券的账户，甚至还接入了场外四倍的杠杆，买入了当时很火的一只股票。但在买入该股票后不久，这只股票就停牌了。他本以为复牌之后就会迎来股价的飞涨；但谁能想到这只股票在复牌之后是无限的跌停，普通投资者根本无法卖出止损。

结局大家应该都能猜到：我表哥最后将房子车子都卖了，但仍然未能将债务全部还清。

所以，请各位读者谨记，切忌在投资领域盲目自信，人只能赚到认知以内的钱，所以在成为专业投资者之前，基金是相对稳妥的投资选择。

七、书籍推荐

在本书的结尾，给大家推荐一些我读过并且认为比较有用的书籍，这些书都值得大家反复翻看和阅读。

这些书包括《巴菲特之道》《巴菲特致股东的信》《战胜华尔街》《彼得·林奇教你理财》《彼得·林奇的成功投资》《笑傲股市》《穷查理宝典》《巴菲特和查理·芒格内

部讲话》《投资中最重要的事》。

这些书籍没有排名先后之分，都是非常有价值的书。刚开始阅读可能会遇到读不懂的情况，但学习的过程本来就是任重道远的。我建议大家可以一本一本地慢慢阅读，当阅读量到达一定程度之后，就能做到融会贯通。

八、小结

作为普通人，我们工作的年限是有数的，一般到 60 岁左右就会退休。有些高新科技行业比如互联网，可能到了 35 岁还没有当上管理层的话就会被"毕业"，这对个人的生活及成长来说打击是致命的，所以，我们需要学习一套新的能稳定增加资产的方法，这一套方法就是投资。投资是能贯穿一辈子、可以不断重复做的事情。

▶ 第十章

实战

相信此时的读者已对指数基金投资有了一个初步的了解，但这些知识储备还远远不够。很多人会认为，投资应该先从阅读、学习开始，在阅读的过程中通过学习、思考进而积累技能，这样投资就能一帆风顺。但实际上这种理想的方式是很难实现的，我们无论是从书上看的、讲座或培训课程上听的，最终能被吸收消化成为自己知识的仅占10%~20%。正确学习投资的顺序应该是先进行投资（前期不用投入大量金钱），先感知市场的温度和节奏；遇到问题了，再带着问题进行阅读、学习和思考。而通过阅读、学习和思考将问题解决的整个过程，会变成我们非常扎实的投资收获。当我们在投资过程中遇到几十个问题，并从书本或实践中找到这些问题的解决办法时，我们的投资经验会获得指数级的增长。

对于刚开始涉足投资的新手来说，千万不能抱着赚一票大的就撤退的想法，这是赌博思维。股票市场每天变幻莫测，上周的明星基金经理人，这周可能就排在了排行榜的尾部；对于个股来说，涨得越高，下跌的概率越大。哪怕新手投资者在刚开始真的买到了涨了十倍的股票或者基金，这个经验也无法在以后的投资过程中继续复制，因为这个操作里根本就没有方法论，全是运气。而很多新手投资者在获得十倍收益之后，往往会把该投资的成功因素归功为自己的能力，对自己产生能力误判，导致以后产生比这次收益更多的亏损。

所以，我一直强调：对于投资新手来说，不要期望获得太高的收益。新手们刚开始尝试投资只要不亏损就已经非常成功了。

一、规划

每一笔投资，都要有规划，这个规划就是投资作战里的指导，没有规划的事情，做起来就像无头苍蝇。投资者在定投之前，一定要想清楚这个投资计划会持续多久，投入的这笔钱在多长时间之内都不会被用到，只有这样，才不会被市场情绪误伤。

我在2021年3月的时候制订了一个至少持续18年的定投计划，关于该计划的阶段性实盘，我会陆续地同步到我的自媒体上。这个计划是为了我的子女，让他在成年的时候，能有一笔可用的资金，他可以选择去国外留学、去创业，或者去做自己想做的事情。虽然目前我还没有孩子，但提前做这些计划是非常有必要的，这个计划能强制我进行储蓄。

二、选择指数基金

制订完为孩子储蓄的计划之后，接着就需要选择合适的指数基金。在这里我选择的是宽基指数基金，原因有二。第一个原因是这笔定投持续的时间非常长，至少长达 18 年。所以我投资的不能是行业指数基金，因为行业是有周期的，只不过周期性较弱。但周期性再弱的指数基金，价格长期来看也是一上一下来回波动，如果没有及时在高点卖出，就赚不到多少钱。而我不希望在如此长的周期里，对这笔钱有过多操作。第二个原因是投资宽基指数就是投资国运，我相信我们的祖国会一直繁荣昌盛，投资宽基指数就是共享祖国经济发展的红利，我坚信这个指数是永远向上运行的。

确定了投资宽基指数之后，就需要选择具体的指数了。我选择的是沪深 300 指数基金和中证 500 指数基金，并将二者以 7 ：3 的比例定投。在前文我们曾经提过，沪深 300 指数选取的是沪深两市规模最大、流动性最好的 300 只股票，中证 500 指数选取的是沪深两市剔除沪深 300 指数后规模最大、流动性最好的 500 只股票。买入沪深 300 和中证 500，意味着买入了全中国最好的 800 个上市公司的股票，他们创造的经济价值会跑赢国家每年的

GDP，也就是高于 6%，具体能跑赢多少，要看每年具体的经济情况，保守估计平均的年化收益率为 6%，理想年化收益率 7% 左右。

根据前文提到的选择基金的三个维度：费率、规模和成立年限，我选择投资了易方达沪深 300ETF 联结 A 和嘉实中证 500ETF 联结 A，如表 10-1 所示，这两只基金无论是费率、规模还是成立年限都是当时我认为最优的。

表 10-1　易方达沪深 300ETF 联结 A 与嘉实中证 500ETF 联结 A

	易方达沪深 300ETF 联结 A	嘉实中证 500ETF 联结 A
费率（%/ 年）	0.12	0.12
规模（亿）	89.67	19.45
成立年限	2009 年 8 月	2013 年 3 月

三、制订交易计划

选择完具体的指数基金之后，接下来就是制订交易计划。和我们分析估值一样，世界上没有完美的估值分析方法或者公式，世界上也没有任何一条完美的交易纪律，每一条交易纪律都是基于每个投资人当下的实际情况制定的。

如表 10-2 所示，我的交易计划如下：当沪深 300 指数的市盈率低于 20 倍的时候，我每个月都会坚持定投，当

沪深 300 指数的市盈率高于 20 倍且低于 30 倍的时候，我
会停止定投买入，一直持有，当沪深 300 指数的市盈率高
于 30 倍的时候，我会一次性卖出；当中证 500 指数的市
盈率低于 30 倍的时候，我每个月都会坚持定投，当中证
500 指数的市盈率高于 30 倍的时候，我会停止定投，一直
持有，当中证 500 指数的市盈率高于 35 倍的时候，我会
一次性卖出。

表 10-2　交易计划

	沪深 300	中证 500
买入（低估）	市盈率低于 20 倍	市盈率低于 30 倍
持有（正常）	市盈率高于 20 倍且低于 30 倍	市盈率高于 30 倍且低于 35 倍
卖出（高估）	市盈率高于 30 倍	市盈率高于 35 倍

这次定投计划的核心是强制储蓄，持续的周期非常
长，所以我没有花太多时间和精力去计算或预测市场趋势，
将买入卖出的指标设置得非常简单，这样才容易坚持下
去。我把指数的买入标准尽可能地放宽，但也不是无限放
宽，等到整个市场被高估的时候，我仍需要通过卖出来锁
定利润。

我把沪深 300 指数的市盈率放宽到 30 倍才卖出，历
史上沪深 300 指数的市盈率到达 30 倍的情况是比较罕见

的，只在 2006—2008 年 3 月、2009 年的时候出现过。一旦沪深 300 指数的市盈率达到 30 倍，说明市场整体被高估，这就是我卖出的时机，其余时间我一律不管。中证 500 也一样，具体的估值信息大家可以自行查询。

当指数基金到了正常估值，也就是无法买入的时候，我会依旧存钱到银行卡中，等到估值回到正常水平，再每个月额外多投一些进去。当基金在市场高估区域被卖出后，如果市场价格在一段时间内都没有回落到低估区域，我会依然把钱存进银行，等到市场回归低估值时，再把卖出的金额分成等份，每个月在定投的基础上多加一份，这样就不用担心在正常估值或者高估值时没有进行强制储蓄。

上文说道，我会以 7 ∶ 3 的比例每个月定投沪深 300 指数基金和中证 500 指数基金，如果其中一个指数基金的收益率比另一个指数基金的收益率高，且高于 25%，那么在每年 3 月的时候我就会进行一次调仓，重新以 7 ∶ 3 的比例调平沪深 300 和中证 500。这个调仓的逻辑是为了更好地平衡二者的比例，我可以预计到在这笔投资的过程中，我卖出的次数最多不会超过三次，应该是在两次左右。

四、总结

以上就是我的定投计划，18 年看似很久，但随着年龄的增长，一下子就会过去，正如从制订计划到现在已经过去了 30 多个月一样。种植一棵树的最佳时机是十年前，其次就是现在。

这里，我还想强调一件事：对于一个二十多岁正值青春年华的人来说，定投指数基金的收益一定远不如你把研究指数基金的时间花在工作上，或者学业上，人最大的价值是自己，而投资自己的回报率是投资指数基金的无数倍。

但学习定投指数基金又是非常必要的，特别是随着利率越来越低，我们的钱越来越不值钱的时候。在本书开头我们已经讲过，投资这件事越早开始越好，越早开始复利的时间越长，而且开始的时间越早，犯错误的成本越低。

在研究指数基金时，我们还要学会用一个比较客观的角度去看待指数基金，基金并不是像网上说的定投十年赚十倍，或者学会定投指数基金就一劳永逸了。

在我看来，投资指数基金，能帮助我们克服人性。人性是复杂的，同时也是难以克服。在日常生活中，我们会拖延，会焦虑，会怀疑，会失望，这些行为和情绪充斥着我们的生活，导致我们有时的生活体验变得很糟。同样我们也会积极，会期待，会肯定，会憧憬，使我们的生活变得很快乐，这就是人性。人性的多面性造就了投资市场的不稳定性，一会儿开心一会儿低落，一会儿贪心一会儿恐慌。

那么，我们是不是能够通过制订一些类似定投的计划，让我们避开人性的缺点呢？我认为是可以的，定投就是让我们尽最大可能地摒弃感性，更理性地去做一些事情。

最后，祝大家在生活中能开心幸福，工作顺利，学业有成，业绩长红。